ESO

Tecnologías de la información y de la comunicación

TECNOLOGÍA

AUTORES
Juan Manuel Hernández Marcos
Roberto de Cabo del Caño
Miguel Pinto Gallego
Juan Antonio Benito de Vega
José María González Ramos

El 0,7 % de la venta de este libro se destina a proyectos de desarrollo de la ONGD SED (www.sed-ongd.org).

R Romero

EDELVIVES ESO

ESO

tecnología

Tecnologías de la información y de la comunicación

Tecnologías de la información y de la comunicación

1 ¿Qué te sugieren las expresiones *ordenador, software, hardware, procesador de texto* y *Microsoft Word?*

2 ¿Sabes qué es una red de ordenadores?

3 ¿Serías capaz de explicar qué es una red de redes?

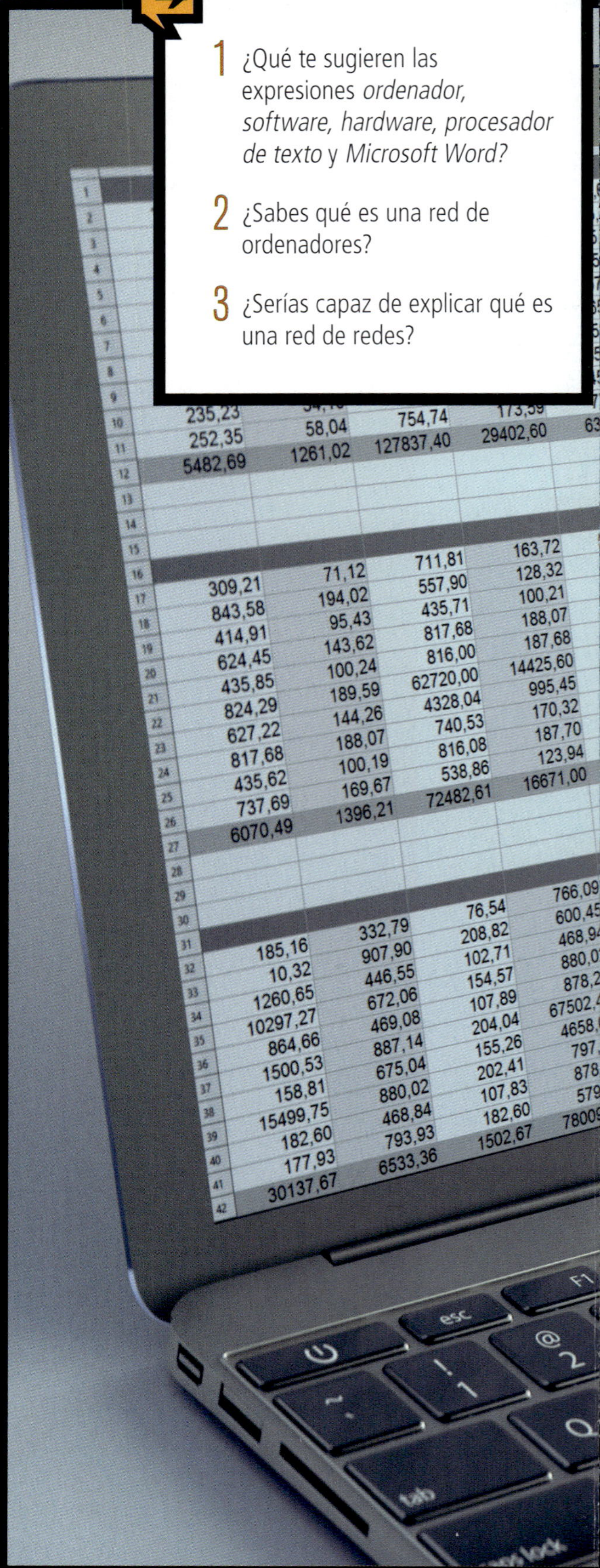

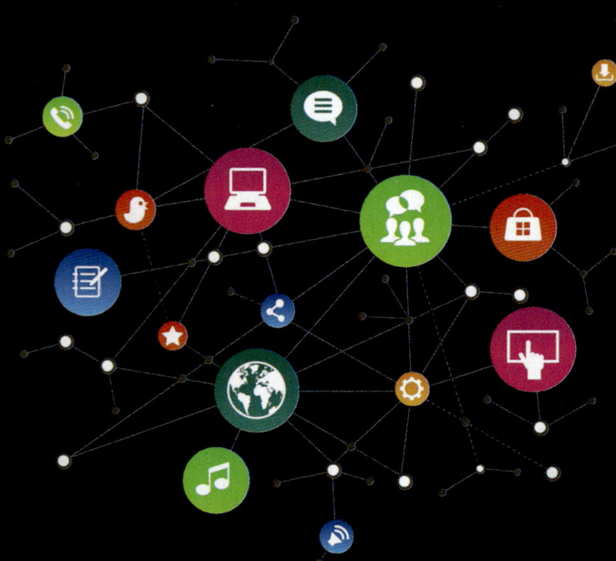

¿Qué conocimientos relacionados con los temas que se van a tratar en este libro tengo o debería tener?

4 ¿Sabes qué es una hoja de cálculo?

5 ¿Sabías que Blaise Pascal (1623-1662), uno de los físicos y matemáticos más eminentes de su época y uno de los más grandes escritores místicos de la literatura cristiana, inventó la primera calculadora digital en 1641, conocida como la pascalina, para ayudar a su padre?

01 El ordenador

Seguramente ya has utilizado el ordenador para realizar múltiples tareas: escribir un documento, ver una fotografía, grabar música, mandar mensajes a los amigos e incluso jugar. Todas estas acciones tienen algo en común: se introducen unos datos que el ordenador se encarga de interpretar, organizar o transformar, para luego presentar los resultados.

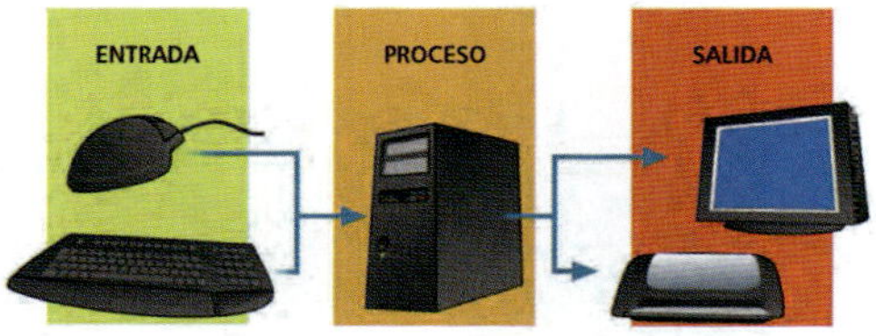

Ordenador portátil.

> El ordenador es una máquina que permite el **tratamiento automático** de la información.

Los ordenadores están formados por miles de circuitos electrónicos que se comportan exactamente igual que un interruptor eléctrico. Es decir, solo son capaces de distinguir dos estados:

- **Abierto.** Cuando no circula corriente (se representa con un **0**).
- **Cerrado.** Cuando sí circula corriente (se representa con un **1**).

El ordenador solamente entiende este lenguaje formado por ceros y unos, de manera que cualquier información que se le proporcione, ya sean números, letras, imágenes o sonidos, tiene que ser transformada o codificada en ceros y unos.

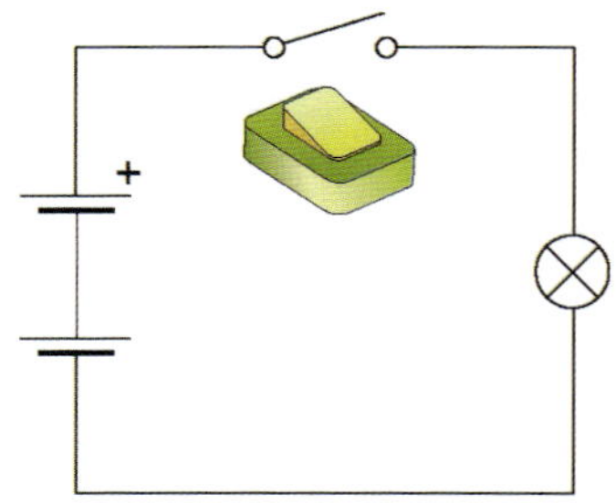

Circuito abierto.

> El lenguaje formado únicamente por dos dígitos, el 0 (abierto) y el 1 (cerrado), es un **código binario**.

A la mínima unidad de información, un 0 o un 1, se le denomina **bit.** Para representar un carácter se necesitan grupos de ocho bits, que es lo que se conoce como un **byte.**

Para transmitir a ocho bits a la vez se necesitan ocho cables (más el cable de masa, que es la referencia de la diferencia de potencial).

- Con un cable se pueden obtener dos combinaciones: el 0 y el 1.
- Con dos cables, cuatro combinaciones: 00, 01, 10, 11.
- Con tres cables, ocho combinaciones: 000, 001, 010, 011, 100, 101, 110, 111.

Por tanto, con *n* cables se obtienen 2^n combinaciones.

Así, por ejemplo, para 4 cables se obtienen $2^n = 2^4 = 16$ combinaciones:

0000	0001	0010	0100	1000	0011	0101	0110
1001	1010	1100	1110	1101	1011	0111	1111

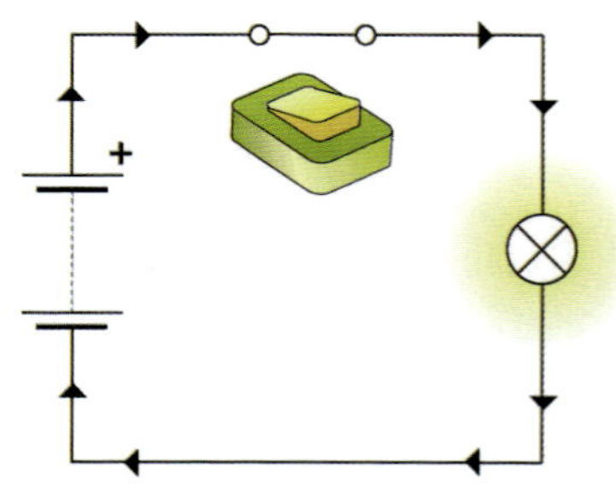

Circuito cerrado.

Amplía

En el caso en el que el número de cables asciende a 10, se obtienen 2^{10} = 1 024 combinaciones, es decir, 1 k.

210 k equivale a 1 mega.

210 megas equivalen a 1 giga.

Del mismo modo que en el **sistema decimal** un número se puede expresar con potencias de 10 (el sistema decimal cuenta con 10 cifras distintas, del 0 al 9), en el **sistema binario** los números se expresan como potencias de 2 (el sistema binario solo dispone de dos cifras distintas, el 0 y el 1).

SISTEMA DECIMAL	SISTEMA BINARIO
$625_{10} = 6 \cdot 10^2 + 2 \cdot 10^1 + 5 \cdot 10^0$	$101_2 = 1 \cdot 2^2 + 0 \cdot 2^1 + 1 \cdot 2^0$

Conversión al sistema binario

Para escribir en el sistema binario un número expresado en el sistema decimal, se divide el número decimal entre 2, sucesivamente, hasta que el cociente sea 1. El número binario es el último cociente seguido de todos los restos aparecidos en orden inverso.

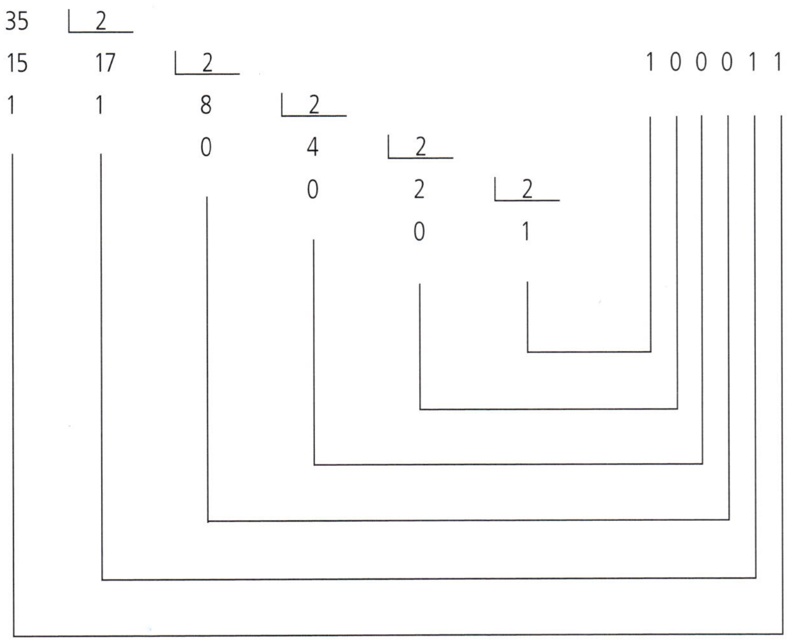

Conversión al sistema decimal

Para escribir en el sistema decimal un número expresado en el sistema binario, se multiplica el bit menos significativo por 2^0, a continuación se le suma el siguiente bit multiplicado por 2^1 y así sucesivamente hasta el bit más significativo.

$$100011_2 = 1 \cdot 2^0 + 1 \cdot 2^1 + 0 \cdot 2^2 + 0 \cdot 2^3 + 0 \cdot 2^4 + 1 \cdot 2^5 =$$

$$= 1 + 2 + 0 + 0 + 0 + 32 = 35$$

Por tanto, $100011_2 = 35_{10}$.

Sistema hexadecimal

En informática se utilizan otros códigos similares al código binario, como es el caso del código hexadecimal, llamado así por utilizar 16 cifras distintas

0, 1, 2, 3, 4, 5, 6, 7, 8, 9, a, b, c, d, e, f

Recuerda

Un número elevado a cero es igual a la unidad

$x^0 = 1$

El bit menos significativo de un número binario es el situado más a la derecha y el más significativo, el situado más a la izquierda.

Sistema hexadecimal.

02 Componentes del ordenador

El ordenador está formado por dos componentes: el ***hardware*** y el ***software***. La ausencia de uno de estos componentes hace que la máquina sea inservible.

- El ***hardware*** son los dispositivos físicos que forman el ordenador: unidad central, monitor, teclado, ratón, impresora, soportes de almacenamiento, cables, etc.
- El ***software*** es el conjunto de instrucciones que controlan el *hardware*. Mediante el *software* se manejan los distintos componentes del ordenador, se controla la entrada de datos, las operaciones que hay que realizar, etc. Dicho de otra forma, el *software* es el conjunto de ceros y unos que indican al *hardware* lo que tiene que hacer.

freeware: son los programas que pueden utilizarse de forma gratuita.

shareware: son los programas que se pueden utilizar con algunas restricciones o por tiempo limitado. Pagando la licencia correspondiente, se obtiene el programa completo.

adware: estos programas se pueden utilizar gratuitamente de forma completa, pero incluyen publicidad.

02.1 El *hardware*

Físicamente, un ordenador de sobremesa está constituido por los siguientes elementos:

- La **unidad central,** que contiene la fuente de alimentación, la placa base —donde residen la CPU (unidad central de procesos) y los conectores— y los periféricos internos.
- Los **periféricos externos:** teclado, ratón, impresora, monitor, escáner...

Unidad central.

La unidad central

Se trata de una caja, normalmente metálica, en la que se encuentran los botones de encendido y algunos periféricos internos, como el lector de DVD, la disquetera, los puertos USB..., así como los conectores para los periféricos externos, como el teclado, el ratón, el monitor, los altavoces, etc. La unidad central contiene la fuente de alimentación, la placa base y los periféricos internos.

Interior de la unidad central.

Fuente de alimentación

Son los circuitos electrónicos encargados de suministrar las tensiones y corrientes eléctricas que requieran todos los dispositivos que integran el ordenador (de 0-12 V o de 0-5 V). La fuente de alimentación tiene muchos cables de salida, que terminan en distintos tipos de conectores normalizados.

Se conecta en los periféricos internos (discos duros, lectores de DVD...).

Alimenta las disqueteras.

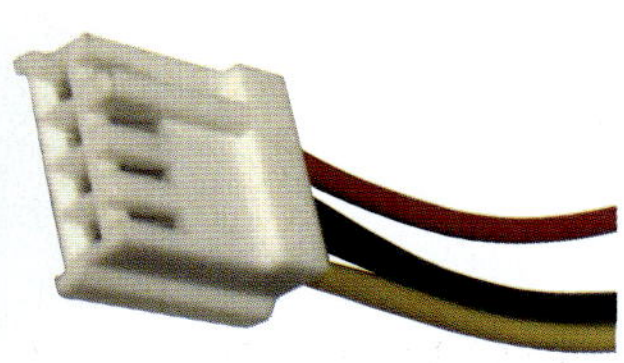

Suministra más energía a la placa base.

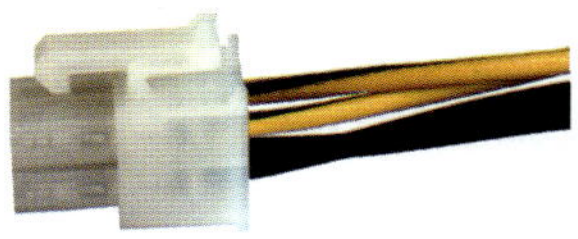

Se conecta en la placa base.

Como el ordenador se conecta a la red eléctrica comercial, que suministra 220 V de tensión alterna, y los circuitos del ordenador necesitan 12 V y 5 V de tensión continua, es preciso convertir la tensión alterna en continua y, además, bajar la tensión de 220 V a 12 V, 5 V y 3,3 V.

Placa base

La placa base es la parte principal del ordenador. Se trata de un circuito impreso en donde residen la CPU (unidad central de procesos) y los conectores (buses).

- **CPU.** Es la encargada de realizar todas las operaciones requeridas para interpretar las instrucciones y procesar los datos contenidos en un programa del ordenador. Está compuesta por el microprocesador, la memoria principal y la unidad de entrada y salida.

a. Microprocesador

El microprocesador interpreta el programa y controla todos los dispositivos para que se ejecuten las instrucciones; es el «cerebro» del ordenador. Existen diferentes fabricantes de microprocesadores, siendo los más conocidos Intel o AMD.

Los microprocesadores suelen acompañarse de unos chips (*chipset*) que realizan funciones de control del número de microprocesadores que pueden funcionar a la vez, de la cantidad de memoria RAM que puede soportar la placa, de la velocidad de transferencia de la información, del tipo de conectores que admite, etcétera.

b. Memoria principal

Contiene las instrucciones que se van a ejecutar y datos de la ejecución. Existen distintos tipos de memorias. Entre las más importantes están:

- **Memoria ROM** o memoria de solo lectura (*Read Only Memory*). Su información solamente puede ser leída, nunca borrada ni modificada. La placa base tiene una memoria con un sistema operativo básico para coordinar la información que se transmite entre los dispositivos que la forman. Este sistema operativo se denomina BIOS (*Basic Input/Output System*). Los nuevos equipos incluyen un sistema operativo más moderno denominado UEFI.
- **Memoria RAM** o memoria de acceso aleatorio (*Random Access Memory*). Son memorias que pueden ser leídas, escritas y modificadas. Para acceder a cualquier dato instantáneamente, se selecciona la fila donde se quieren leer o escribir los datos por medio del bus de direcciones. El contenido de la memoria RAM desaparece cuando apagamos el ordenador. Existen tarjetas para ampliar la memoria del ordenador y poder así trabajar con más aplicaciones abiertas de forma más rápida.

BIOS (*Basic Input/Output System*) es un código de interfaz que localiza y carga el sistema operativo en la memoria RAM. Se trata de un *software* muy básico instalado en la placa base que permite que esta cumpla su cometido.

c. Unidad de entrada y salida (E/S)

Establece la comunicación entre la CPU y los dispositivos externos (periféricos) a través de los conectores.

- **Conectores.** Son elementos para unir eléctricamente varios circuitos impresos o dispositivos que interactúan con la unidad de entrada y salida. En la placa base pueden existir varios conectores distintos:
  - **ISA** (negros y largos), **PCI** (blancos y cortos). Se utilizan para conectar periféricos en circuito impreso, como la tarjeta de red, la tarjeta de sonido, la tarjeta módem, la tarjeta de vídeo, etc.
  - **AGP** (negros y estrechos). Se emplean para conectar la tarjeta de vídeo.
  - **PCI-Express.** Son ranuras de expansión similares en funcionalidad a los PCI, pero más rápidas y avanzadas.
  - **IDE** (rectangulares, con espadines metálicos). Se utilizan para conectar discos duros, CD-ROM y periféricos similares.
  - **Conector serial-ATA.** Actualmente, los discos duros se conectan a la placa base a través de unos conectores que realizan la misma función que los IDE, pero a una velocidad mayor. También es necesario utilizar el cable correspondiente.
  - **Puerto paralelo.** Se utiliza para conectar periféricos externos a través de una transmisión paralela, como la impresora o el escáner. Suelen disponer de 25 pines (cables). Actualmente están en desuso.
  - **Puerto serie.** Se emplea para conectar periféricos externos cuya comunicación se realiza a través de una transmisión serie, como el ratón o el módem externo. Los hay de tres tipos: de nueve cables, de veinticinco y el USB (*Universal Serial Bus*), que es un conector trapezoidal muy pequeño con cinco cables y autoalimentado.
  - **Firewire.** Se utiliza para guardar archivos de vídeo que suelen tener muchísimos ceros y unos. Algunos dispositivos utilizan un conector que permite el traspaso de la información con una rapidez mucho mayor a la del USB.

Para los periféricos que se conectan al puerto IDE se utiliza el cable bus IDE. Uno de sus laterales está marcado con una línea roja que indica que es el cable 1. Si no está marcado este número en la placa, deberemos colocar el cable con el lateral marcado dirigido hacia el conector de alimentación.

Periféricos externos

Son los elementos que se conectan a la unidad central y que sirven para la entrada y la salida de la información que utiliza el ordenador, es decir, son los encargados de la comunicación con el mundo exterior.

Los periféricos externos se comunican con la unidad central a través de cables y conectores, como el puerto paralelo, el puerto serie, el conector USB y el conector *firewire*.

Se distinguen dos tipos de periféricos: los de entrada (teclado, ratón, escáner y otros dispositivos) y los de salida (monitor e impresora).

Otros dispositivos de entrada

Micrófonos, pantallas táctiles, tabletas digitalizadoras, cámaras digitales, lectores de código de barras, *joystick*, etc.

Escáner: permite introducir en el ordenador la información de documentos impresos y procesarla posteriormente.

Monitor: fundamentalmente hay de dos tipos: CRT (tubo de rayos catódicos) y TFT.

Teclado: permite la introducción de datos de forma manual.

Impresora: imprime, en papel o transparencias, los resultados de las operaciones realizadas en el ordenador. Hay impresoras de inyección de tinta y láser (más rápida y cara).

Ratón: dispositivo señalador. Los hay mecánicos (con el giro de una bola transmiten su desplazamiento) y ópticos (funcionan mediante una señal luminosa).

Conexión de los periféricos. Si el teclado o el ratón disponen de conector USB, se conectan igual que el *pendrive*.

Periféricos internos

Los periféricos internos son circuitos impresos que se alojan en el interior de la caja de la unidad central.

Periféricos de entrada

Son dispositivos que envían información a la CPU.

Teclado

Envía a la CPU un dato formado por grupos de ocho bits que identifica la tecla pulsada, es decir, el carácter pulsado, según el código ASCII, que contiene 256 caracteres.

Teclado.

Ratón

Envía a la CPU los datos del movimiento en el eje X y en el eje Y. Consta de una bola que roza sobre dos cilindros perpendiculares, de forma que al girar la bola los cilindros también giran, indicando exactamente el movimiento en los dos ejes. Los que carecen de bola (ópticos) utilizan una microcámara que detecta el movimiento por las sombras de la rugosidad de la mesa. Se conectan al puerto serie y están disponibles con conector DB9, PS/2 y USB.

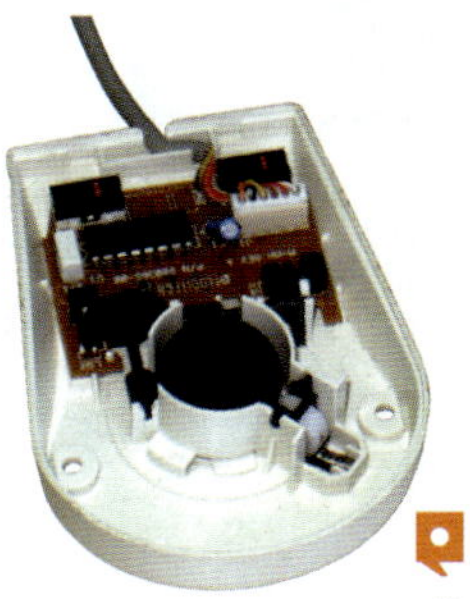

Ratón de bola y ratón óptico.

Lector de CD-ROM, DVD y Blu-ray

La información se almacena en un soporte óptico. La lectura se realiza por medio de la reflexión de un haz láser sobre el soporte óptico cuando está girando. Sobre este soporte existen muchas muescas microscópicas que reflejan el haz láser en un ángulo grande, de manera que no es localizado por el detector láser. De esta forma obtenemos los ceros y los unos. El láser, al igual que los cabezales del disco duro, se desplaza radialmente sobre el soporte óptico.

Unidad CD/DVD.

Periféricos de salida

Estos dispositivos reciben información de la CPU.

Impresora

Recibe datos binarios de puntos con su color y la impresora los convierte en movimiento de papel, movimiento de cabezal y disparo de tintas. Se conecta en el puerto paralelo y, actualmente, en el USB.

Existen cuatro tipos de tecnologías asociadas a las impresoras, que son la matricial, la inyección de tinta, la láser y la 3D.

Impresora matricial.

- **Impresoras matriciales.** Disponen de un cabezal con muchas agujas que golpean la hoja de papel y una cinta empapada en tinta, con lo que quedan impresas las marcas de las agujas sobre el papel. Son lentas, muy ruidosas, en blanco y negro y de baja calidad. Actualmente están en desuso.
- **Impresoras de inyección de tinta.** Disponen de un cabezal con muchos agujeritos por donde se deja salir la tinta a presión, en función de la escritura que se debe realizar. Suelen almacenar cuatro depósitos de tinta, de color negro, magenta, cian y amarillo, con cuya combinación se puede obtener cualquier otro color. Son rápidas, de mucha calidad, de mantenimiento caro, aunque su compra es asequible, y en color.

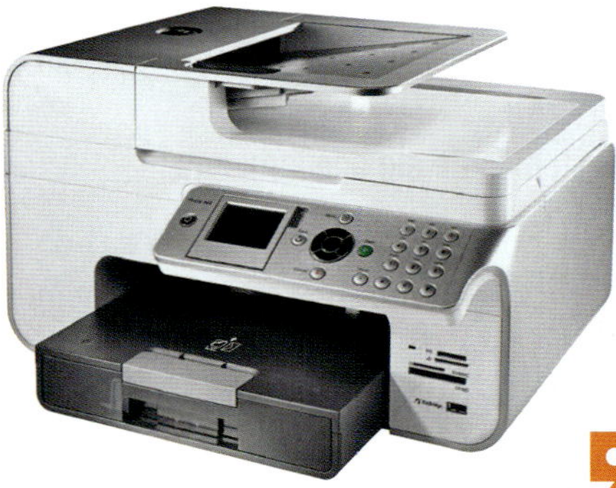

Impresora láser.

- **Impresoras láser.** Funcionan según el mismo principio que las fotocopiadoras. Usan un cilindro fotosensible a la luz y un polvo negro **(tóner)** que se adhiere sobre las zonas del cilindro, donde ha incidido la luz láser, para posteriormente transferirse a la hoja de papel. Son muy rápidas, de mucha calidad, de mantenimiento barato, en blanco y negro y también en color.
- **Impresoras 3D.** Son similares a las impresoras de inyección de tinta, pero utilizan principalmente uno o varios cordones de plástico, que se funden en el cabezal, y el plástico fundido se deposita sobre la plataforma. Colocando capa sobre capa se va creando el objeto que, una vez enfriado y solidificado, queda totalmente operativo.

  Estas impresoras disponen de un desplazamiento del cabezal en tres ejes, con lo que pueden colocarse en cualquier punto espacial dentro de la zona delimitada.

  Para imprimir con estas impresoras, es necesario utilizar un *software* que nos permita dibujar o diseñar la pieza en tres dimensiones y exportar en formato STL, VRML, PLY o 3DS. Algunos de estos programas son: Autodesk Inventor, Sketchup, 3DS Max, Archicad, Catia, Cura.

Impresora 3D.

Tarjeta de vídeo

Almacena la información que envía la CPU relativa al color (RGB) de cada uno de los puntos luminiscentes (píxel) de la pantalla y los convierte en señales entendibles por el monitor.

Divide toda la pantalla en una matriz de filas y columnas, de forma que cada celda es el píxel. El número de divisiones por unidad de longitud se denomina resolución; por ejemplo, 800×600 indica que el ancho de la pantalla se divide en 800 partes y el alto, en 600 partes. También hay que indicar el número de colores distintos que puede tomar cada píxel (256 colores-8 bits).

Tarjeta de vídeo.

Periféricos de entrada y salida

Los periféricos de entrada y salida envían y reciben datos de la CPU.

Tarjeta de red

Se encarga de la comunicación entre varios ordenadores conectados en red. Se necesitan cables para conectar todos los ordenadores entre sí. Estas redes pueden ser pequeñas, como en una empresa, o muy grandes, como en Internet.

Tarjeta de sonido

Se encarga de convertir las señales eléctricas analógicas (sonidos) en datos binarios (0 y 1) para enviar esa información a la CPU y viceversa. Estos datos se aplicarán sobre los altavoces para conseguir sonidos.

Sistemas de almacenamiento

Son periféricos de entrada y salida en los cuales el ordenador almacena la información de modo permanente, es decir, la información que guardamos en ellos solo desaparece si el usuario decide eliminarla. Se caracterizan por la **capacidad de almacenamiento,** es decir, por la cantidad de información que son capaces de guardar.

- **Disco duro.** Es un dispositivo donde se almacena la información permanentemente. Se puede leer y borrar.

  Este periférico de entrada y salida se conecta al puerto IDE o serial-ATA de la placa base.

  Consta de varios discos magnéticos unidos por el mismo eje, de forma que puedan girar. Unos cabezales magnéticos se desplazan radialmente por todas las caras de los discos, detectando ceros y unos.

  También existen unidades de estado sólido que funcionan de forma semejante a una tarjeta de memoria.

- **Lector/Grabador de CD-ROM, DVD y Blu-ray.** Igual que existen unidades ópticas que solo leen el soporte de almacenamiento, también hay otras que permiten grabar, y se denominan grabadoras. Con ellas podemos leer y grabar los datos, pero no de la misma manera que en los discos duros, ya que antes de grabar debemos borrar todos los datos que hubiera almacenados.

- **Tarjetas de memoria.** Son tarjetas de pequeño tamaño que almacenan la información de forma estática. Se usan en telefonía móvil, en cámaras de fotografía y vídeo e incluso como parte principal de algunos *pendrive*.

- ***Pendrive.*** Es una memoria portátil de pequeño tamaño que se conecta a uno de los puertos USB del ordenador. Su tecnología es similar a la de las tarjetas de memoria.

- **Disco duro externo.** Permite el almacenamiento y la lectura de los datos en cualquier momento, tiene gran capacidad y rapidez. Los hay magnéticos y de estado sólido, estos son más rápidos, silenciosos, se calientan menos pero son más caros.

Recuerda

Las capacidades de almacenamiento se miden en múltiplos de byte y son los siguientes:

- 1 kilobyte (kB) = 1024 bytes
- 1 megabyte (MB) = 1024 kilobytes
- 1 gigabyte (GB) = 1024 megabytes
- 1 terabyte (TB) = 1024 gigabytes

Disco duro.

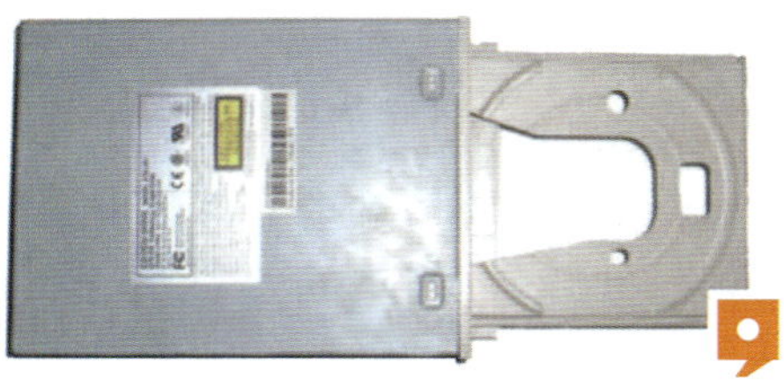

Lector/Grabador de CD-ROM, DVD y Blu-ray.

Tarjetas de memoria.

Pendrive.

Sistemas de comunicación

La comunicación entre los distintos dispositivos se puede realizar de diferentes formas.

Transmisión en serie

Consiste en enviar la información bit a bit.

Transmisión en paralelo

En este caso, la información se transmite byte a byte.

Bluetooth

Es el nombre con el que se define un estándar de comunicación inalámbrica que, mediante un enlace por radiofrecuencia segura, posibilita la transmisión de voz y datos entre diferentes dispositivos que dispongan de esta tecnología.

Los principales objetivos que se pretenden conseguir con esta tecnología son:

- Facilitar las comunicaciones entre equipos móviles y fijos.
- Eliminar los cables y conectores entre los diferentes dispositivos.
- Posibilitar la creación de pequeñas redes inalámbricas y la sincronización de datos entre los equipos personales.

Los dispositivos que con mayor intensidad utilizan esta tecnología son la PDA (del inglés *Personal Digital Assistant,* «ayudante personal digital»), los teléfonos móviles, las consolas, los ordenadores, sobre todo los portátiles, las impresoras y las cámaras digitales.

Muchos teléfonos móviles, ordenadores portátiles, GPS, PDA, impresoras y cámaras digitales utilizan la tecnología *bluetooth*.

02.2 El *software*

El ***software*** es el conjunto de instrucciones (programas y aplicaciones) que permiten controlar todos los dispositivos físicos conectados en un ordenador (*hardware*) y realizar las operaciones para las que están destinados.

Estos programas y aplicaciones se pueden agrupar en tres bloques:

SISTEMAS OPERATIVOS	PROGRAMAS DE APLICACIÓN	LENGUAJES DE PROGRAMACIÓN
Contienen las instrucciones que permiten interpretar las señales que llegan del teclado o del ratón, entre otras. A este grupo pertenecen los sistemas MS-Dos, Windows, Linux, Unix y Mac OS.	Se encargan de realizar tareas específicas. A este grupo pertenecen aplicaciones como los procesadores de texto (Word), programas de diseño gráfico (CAD), programas para el diseño de circuitos eléctricos, juegos, etc.	Permiten al usuario construir sus propias aplicaciones. Con ellos se implementan los sistemas operativos y los programas de aplicación. A este grupo pertenecen los programas Logo, Visual Basic, C, Java y PHP.

02.3 Los sistemas operativos

El ordenador no hace nada si no le indicamos lo que tiene que efectuar. Para ello, almacena unas instrucciones con las tareas que debe realizar al ser encendido y saber cómo interpretar las señales que le llegan desde dispositivos como el teclado, el ratón, etc. Estas instrucciones constituyen el sistema operativo.

Las funciones principales del sistema operativo son:

- Permitir a un usuario comunicarse con el ordenador.
- Entender las señales que le envían los distintos dispositivos que tiene conectados (así, deberá saber interpretar un movimiento del ratón, la pulsación de una tecla en el teclado, detectar la conexión de un dispositivo...).
- Controlar la forma en la que se almacena la información y organizarla en los soportes de almacenamiento (CD-ROM, *pendrive*).
- Ejecutar todo tipo de aplicaciones (juegos, procesadores de texto, programas de dibujo) y asignar un tiempo adecuado a cada una, de forma que podamos realizar en el ordenador múltiples acciones a la vez (multitarea).

Los sistemas operativos pueden ser:

- **Multiproceso:** cuando son capaces de realizar varias tareas a la vez.
- **Multiusuario:** cuando están preparados para ser utilizados por varios usuarios, cada uno con sus propios documentos y configuración.

Los actuales sistemas operativos (Windows, Linux, Unix, Mac OS...) nos permiten interactuar con el ordenador de una forma muy sencilla.

Vamos a describir los principales elementos de dos de los sistemas operativos más difundidos: Microsoft Windows y Linux.

Windows 7

LINUX

Mac OS

UNIX

Sistemas operativos.

Microsoft Windows

El escritorio y sus elementos

La pantalla inicial que nos ofrece el sistema operativo es el escritorio.

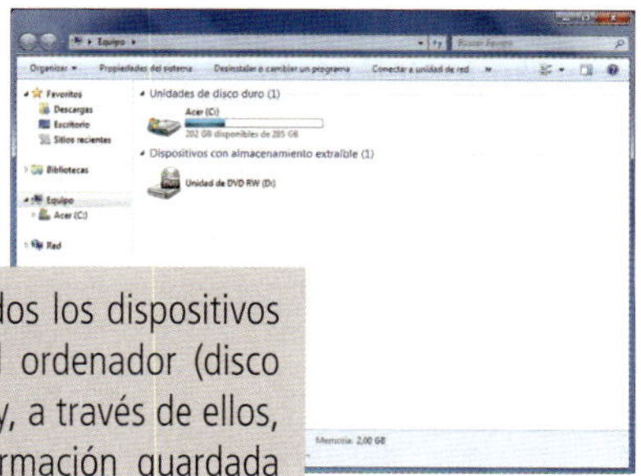

Equipo: permite ver todos los dispositivos de almacenamiento del ordenador (disco duro, lector de DVD…) y, a través de ellos, acceder a toda la información guardada en el ordenador.

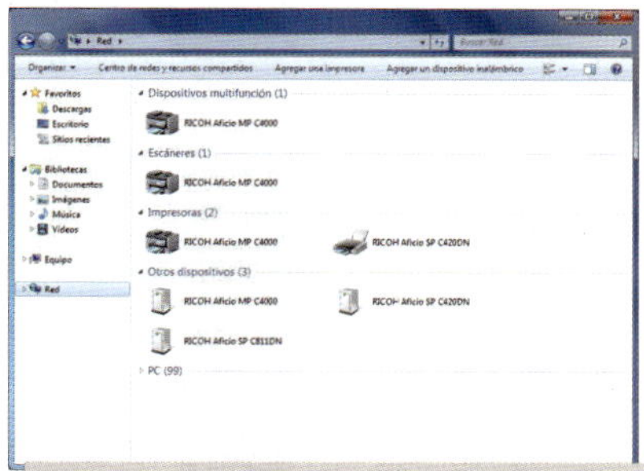

Red: intercambia toda la información entre distintos ordenadores, siempre que existan carpetas compartidas.

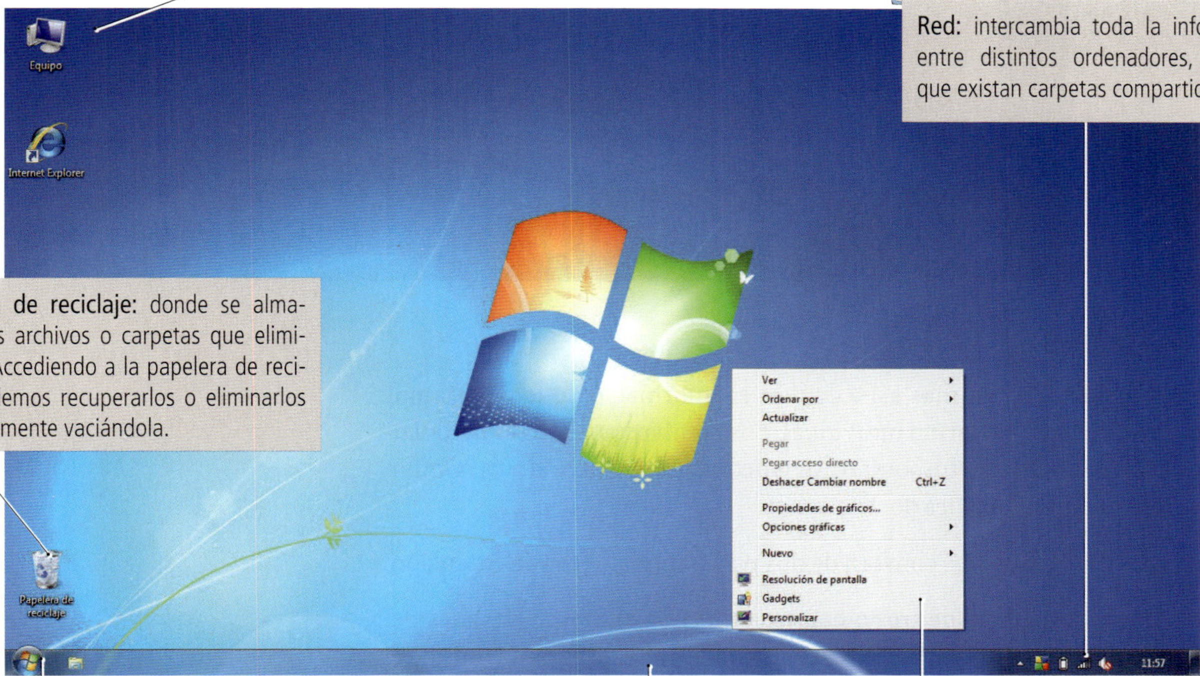

Papelera de reciclaje: donde se almacenan los archivos o carpetas que eliminamos. Accediendo a la papelera de reciclaje podemos recuperarlos o eliminarlos definitivamente vaciándola.

Menú inicio: cuando pulsamos **Inicio/ Programas,** aparece un menú desplegable, desde el que podemos acceder a todos los programas que tenemos instalados en nuestro ordenador.

Barra de tareas: barra sobre la que aparecen los programas que están abiertos. Pinchando sobre estos iconos, accedemos a la aplicación que nos interesa. No se deben tener demasiados programas abiertos, ya que ocupan memoria y ralentizan el ordenador.

Menús contextuales: si sobre cualquier elemento del escritorio o en cualquier parte de una ventana hacemos clic con el botón derecho del ratón, se desplegará un menú con las posibles acciones que podemos realizar sobre él y que serán distintas en cada caso.

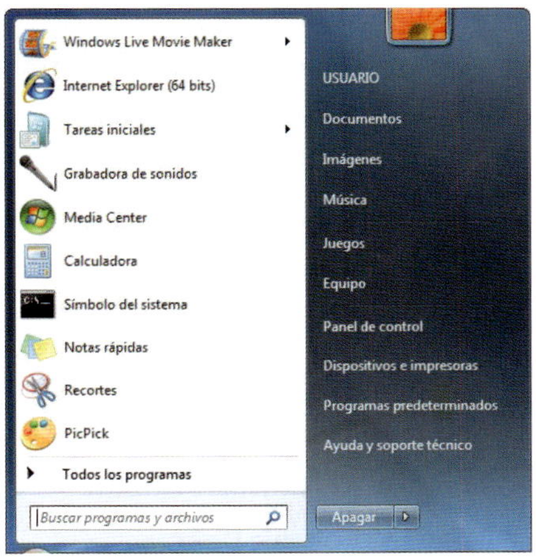

http://www.microsoft.com/downloads/es-es/

Centro de descargas de Microsoft para obtener las últimas actualizaciones del sistema operativo MS Windows y controladores de dispositivos.

Las ventanas

Las ventanas son el espacio de trabajo que Windows asigna a cada aplicación con la que estamos trabajando. Todas contienen elementos comunes, como la barra de título, la barra de menú, las barras de herramientas y los iconos de restaurar, maximizar/minimizar y cerrar.

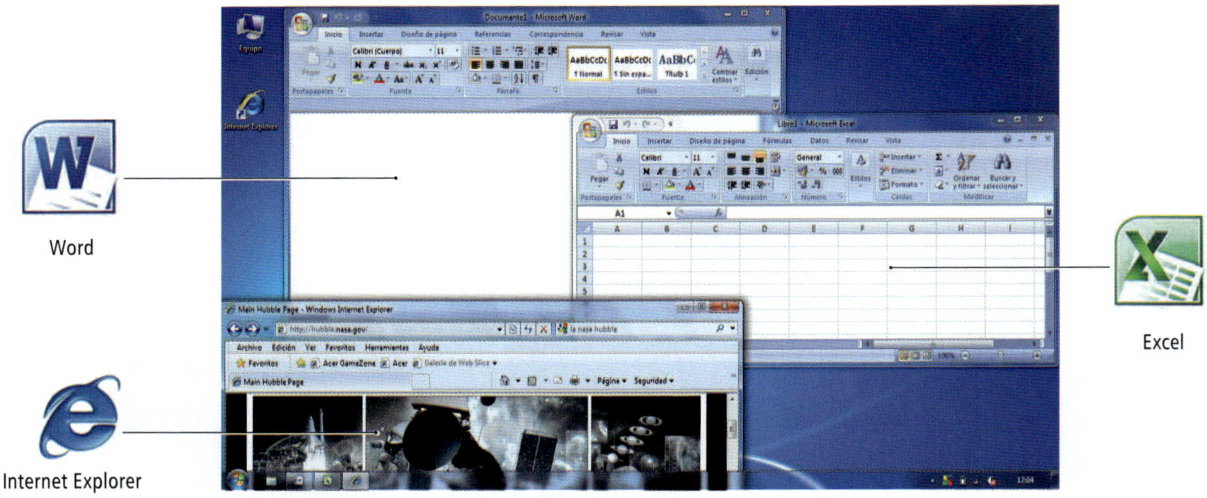

Los archivos y carpetas

- **Archivo o fichero.** Llamamos así a cualquier información que guardamos en nuestro ordenador de forma individual. Los archivos pueden ser un documento de texto, un dibujo, un sonido, un vídeo, etc. Debemos dar un nombre a cada archivo para identificarlo.

  Los nombres de los archivos constan de dos partes: el nombre y la extensión.

  La extensión es un grupo de tres o cuatro letras que aparecen después del nombre separadas por un punto. Nos permite conocer el programa que lee el archivo:

  .docx o **.doc:** documentos de Word

  .xlsx o **.xls:** hojas de cálculo

  .accdb o **.mdb:** bases de datos

  .pptx o **.ppt:** presentaciones PowerPoint

  .dwg: diseños CAD

  .htm o **.html:** páginas web

  .jpg o **.gif** o **.bmp:** imágenes

  .mp3: música

- **Carpeta o directorio.** Como un ordenador es capaz de almacenar miles y miles de archivos, el sistema operativo nos ofrece la posibilidad de clasificarlos en distintas carpetas para tenerlos localizados y organizados siguiendo una estructura jerárquica. Cada carpeta puede contener archivos u otras carpetas (subcarpetas).

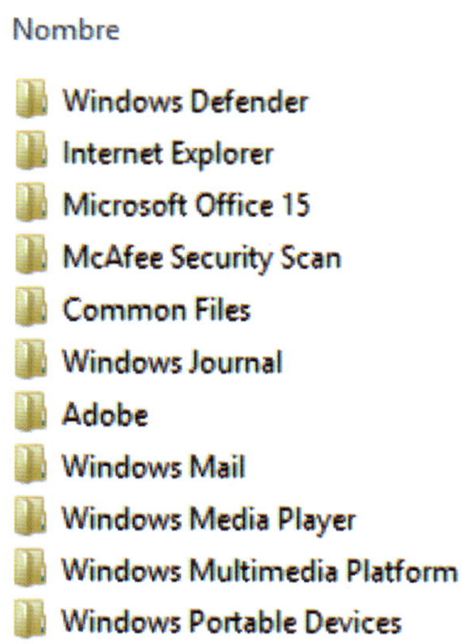

Linux

El sistema operativo Linux, que fue desarrollado inicialmente por Linus Torvalds basándose en UNIX, presenta como característica fundamental que es un ***software* libre**, es decir, se pueden realizar tantas copias como se deseen, distribuirlas libremente e incluso realizar modificaciones sobre dicho *software*.

En la actualidad existen múltiples versiones de Linux, llamadas **distribuciones**, que varían de unas a otras en el diseño de su escritorio y las aplicaciones incluidas. Las más conocidas son: Debian, Red Hat, Mandriva y Ubuntu.

Las distintas comunidades autónomas españolas han desarrollado su propia distribución de Linux, que se está imponiendo como sistema operativo de referencia en los centros escolares de Primaria y Secundaria.

A continuación se presentan algunas distribuciones según la comunidad autónoma:

NOMBRE DE LA DISTRIBUCIÓN	COMUNIDAD AUTÓNOMA	ENLACE DE DESCARGA
GnuLinex	Extremadura	http://www.linex.org
Guadalinex	Andalucía	http://www.guadalinex.org/mas-programas/descargas
Max	Comunidad de Madrid	http://www.educa.madrid.org/web/madrid_linux/
Molinux	Castilla-La Mancha	http://www.molinux.info/
Lliurex	Comunidad Valenciana	http://lliurex.net/home/descargas
AugustuX	Aragón	http://www.augustux.org/
Trisquel	Galicia	http://trisquel.info/es
LinuxGlobal	Cantabria	www.linuxglobal.org
EHUX	Euskadi	http://ehux.ehu.es/drupal/
mEDUXa	Canarias	http://cent.uji.es/octeto/node/2045
Linkat	Catalunya	http:/ linkat.xtec.cat/portal/index.php/
Asturix	Principado de Asturias	http://asturix.com/
Melinux	Melilla	http://www.melinux.es/

Estas distribuciones están obtenidas a partir de las comerciales Debian y Ubuntu. Cada comunidad educativa ofrece actualizaciones de su propia versión, de forma que sean compatibles con los equipos más modernos.

Las imágenes que aparecen en el resto de la unidad se corresponden con la distribución Ubuntu.

Accediendo a la página web de Ubuntu, podremos descargarnos el sistema operativo y probarlo en nuestro equipo sin necesidad de instalarlo.

Para ello escogeremos la versión de distribución llamada Ubuntu Desktop Edition (Ubuntu 10.10).

El escritorio de Linux Ubuntu

La pantalla inicial de Ubuntu se asemeja a la de otros sistemas operativos como Ms Windows o Mac OS, pudiendo acceder a las distintas aplicaciones de nuestro equipo a partir de los menús desplegables que aparecen en el panel superior de la pantalla.

Escritorio de Ubuntu

El **escritorio de Ubuntu** presenta la ventaja de que es altamente modificable, podemos cambiar los temas del escritorio, el número y aspecto de los paneles, etc.

Acceso a las **Aplicaciones** instaladas, a las carpetas **(Lugares)** y a las opciones de configuración de nuestro equipo **(Sistema)**.

Lanzadores de algunas aplicaciones: Mozilla Firefox, ayuda y correo.

Informaciones del sistema: fecha, hora y usuario.

Botón de apagado del sistema (apagar, suspender, reiniciar...).

Menús desplegables: para acceder a las principales aplicaciones organizadas por temas.

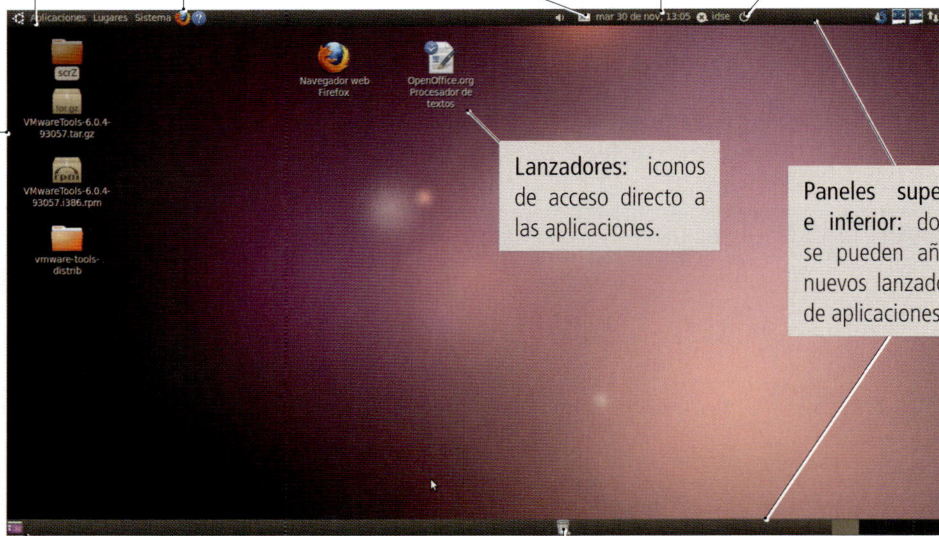

Lanzadores: iconos de acceso directo a las aplicaciones.

Paneles superior e inferior: donde se pueden añadir nuevos lanzadores de aplicaciones.

Menús contextuales

Los **menús contextuales,** o relativos al contexto, son los menús que aparecen cuando hacemos clic con el botón secundario o derecho del ratón en una determinada zona de la pantalla. Las opciones que aparezcan dependerán de dónde hayamos hecho clic.

Mostrar escritorio: minimiza todas las aplicaciones abiertas.

Papelera de reciclaje

Escritorios: Linux incorpora 4 escritorios distintos de forma que podamos abrir distintas aplicaciones en cada uno y pasar de unas a otras pulsando en estos botones.

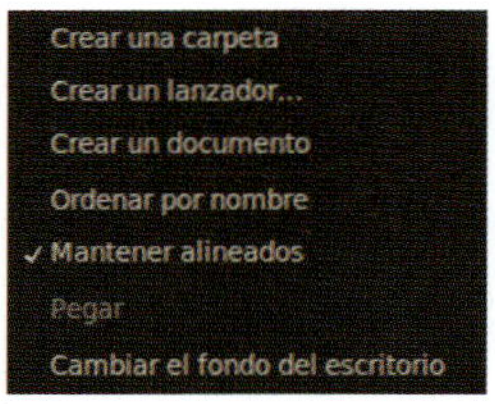

Todos los elementos del escritorio se pueden ajustar a partir de los distintos menús:

- Podemos crear rápidamente nuevas carpetas y documentos, añadir nuevos accesos a aplicaciones en el escritorio o cambiar la imagen de fondo desde el menú contextual, que aparece haciendo clic en una zona vacía del escritorio.
- El número de paneles, su posición y su anchura, así como los lanzadores de aplicaciones que contienen, se ajustan haciendo clic con el ratón en una zona vacía de uno de los paneles.
- Podemos cambiar los efectos visuales, tipos de letras y colores de las distintas ventanas a partir del menú **Sistema/Preferencias/Apariencia.**
- En general, podemos ajustar el funcionamiento de los distintos elementos del ordenador a partir del menú **Sistema/Preferencias.**

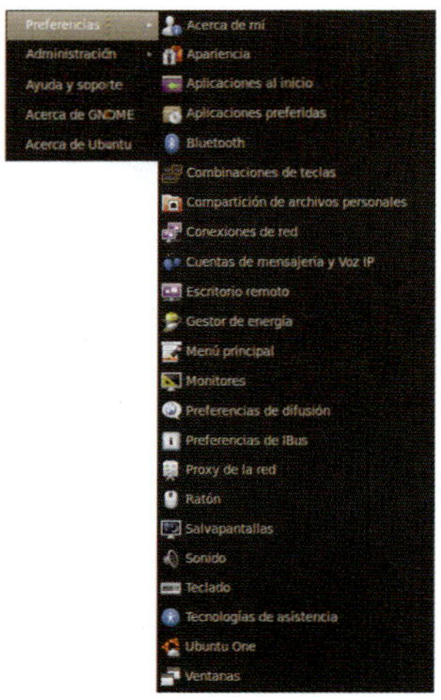

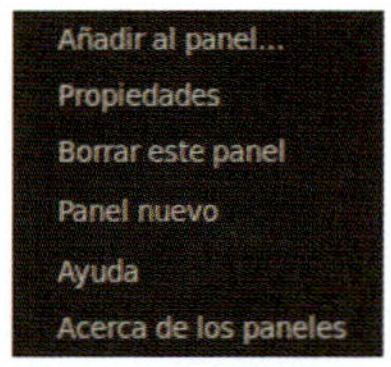

Menú contextual de los paneles.

Ajuste de las ventanas desde: **Sistema/Preferencias/Apariencia.**

Las aplicaciones instaladas

Linux incorpora en sus distintas distribuciones las aplicaciones libres de uso más extendido. Entre ellas hay que destacar:

- La suite ofimática **OpenOffice,** que incluye:
  - **Writer** como procesador de textos.
  - **Calc** como hoja de cálculo.
  - **Impress** para realizar presentaciones digitales.
  - **Draw** para el dibujo de figuras geométricas.
- **Mozilla Firefox** como navegador de red.
- **Nautilus** como explorador de archivos.
- **F-Spot** como gestor de fotos.
- **Accesorios.** Calculadora, capturador de pantalla, grabador de CD y DVD...

OpenOffice es un conjunto de aplicaciones ofimáticas de uso común ofrecidas de forma libre por la empresa Oracle. Existen versiones tanto para Ms Windows como para Linux.

EQUIVALENCIA ENTRE LAS APLICACIONES DE MICROSOFT Y LAS APLICACIONES LIBRES	
Ms Word	Writer
Ms Excel	Calc
Ms PowerPoint	Impress
Corel Draw	Draw
Bloc de notas	Gedit
Símbolo del sistema	Terminal
Internet Explorer	Firefox
Explorador de archivos	Nautilus
Outlook	Correo Evolution

Instalación de nuevas aplicaciones

En Linux existen multitud de aplicaciones gratuitas, muchas de ellas para realizar tareas similares, lo que nos permitirá elegir la que nos resulte más práctica.

Cuando necesitemos alguna que no tengamos en nuestro equipo, y dispongamos de una conexión a Internet, podremos instalarlas utilizando cualquiera de estos métodos:

Instalación

El *software* en los sistemas Linux se distribuye agrupando los archivos en **paquetes.** Cuando instalamos nuevo *software* lo que hacemos es **instalar paquetes.**

a. El gestor de paquetes Synaptic: accedemos a él desde el menú **Sistema/Administración.**

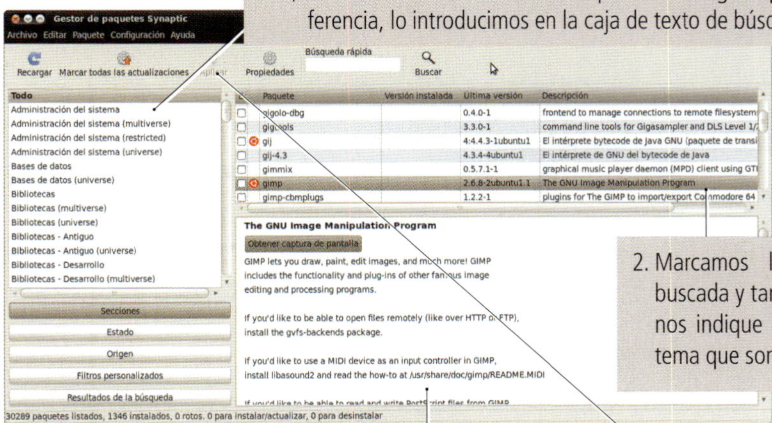

1. Buscamos el *software* que queramos instalar:
   a) A través de las distintas categorías.
   b) Si conocemos el nombre de la aplicación o alguna palabra de referencia, lo introducimos en la caja de texto de búsqueda rápida.
2. Marcamos la aplicación buscada y también las que nos indique el propio sistema que son necesarias.
3. Para finalizar, pinchamos en el botón Aplicar.

Podemos comprobar, mediante una breve descripción, si se trata de la aplicación que necesitamos.

b. El centro de *software* de Ubuntu: accedemos desde el menú **Aplicaciones.** Al igual que utilizando Synaptic, en la primera pantalla podemos seleccionar la aplicación buscando entre las distintas categorías o introduciendo su nombre en el cuadro de búsqueda. Una vez seleccionada pulsaremos sobre el botón **Instalar.**

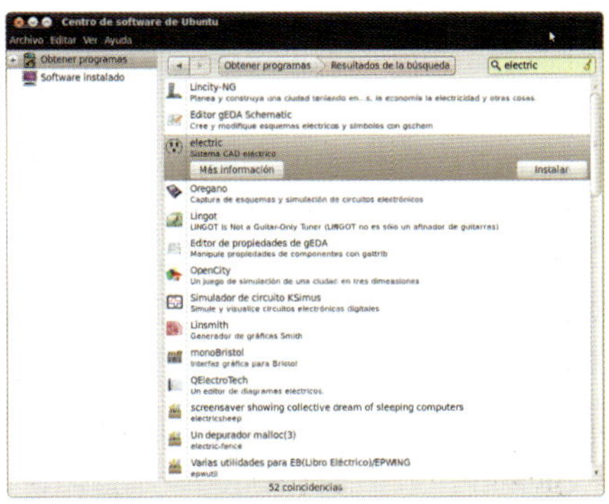

Gestión de archivos

En Linux toda la información del ordenador se guarda en archivos contenidos en distintas carpetas.

Las carpetas se organizan de forma jerárquica partiendo de una principal llamada ***root***. De ella cuelgan el resto de las carpetas, entre las que cabe destacar por su contenido:

- **Bin.** Contiene la mayoría de las aplicaciones instaladas en el equipo.
- **Sbin.** Contiene aplicaciones que solo puede utilizar un usuario especial del equipo, llamado superusuario, y que es el encargado del mantenimiento general del sistema («administrador»).
- **Etc.** Carpeta que contiene los archivos donde se configuran las distintas aplicaciones, es decir, donde se ajusta su funcionamiento.
- **Usr.** Almacena otras aplicaciones.
- **Home.** Contiene las carpetas de los distintos usuarios del sistema.

Para movernos entre estas carpetas, ver su contenido o copiar archivos de unas a otras se utilizan los navegadores de archivos:

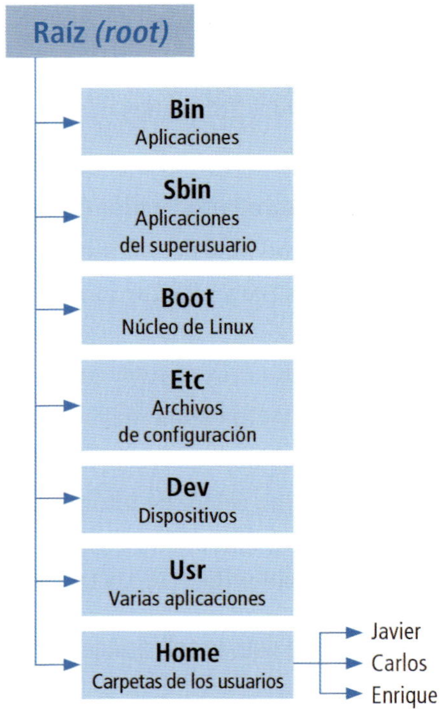

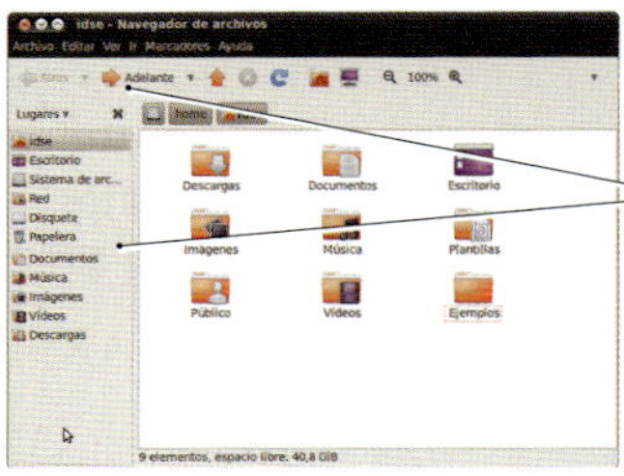

Nos movemos entre las distintas carpetas mediante las flechas de dirección o el panel de navegación.

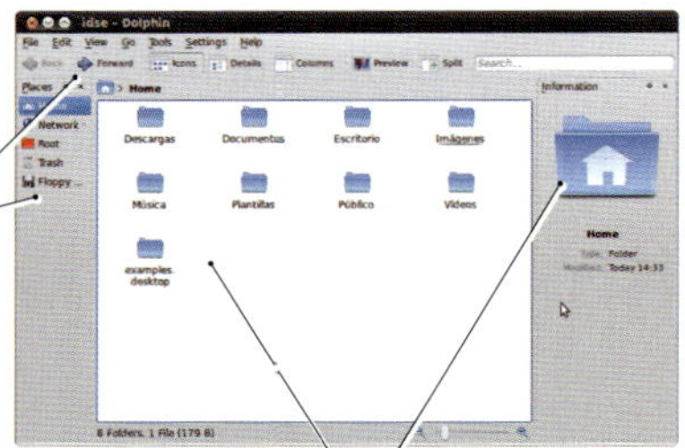

Visualizamos el contenido del archivo seleccionado.

Tipos de usuarios en Linux

Administradores. Tienen acceso a todo el equipo, pudiendo borrar y modificar todas las carpetas.

Usuarios de escritorio. Solo tienen acceso a sus propias carpetas; sobre ellas pueden dar permiso para acceder a los otros usuarios.

Los usuarios se pueden organizar en **grupos** con el fin de facilitar los permisos de acceso a determinadas carpetas.

Usuarios

Linux es un sistema operativo **multiusuario,** lo que permite que varios usuarios utilicen el mismo equipo.

Existe un usuario denominado superusuario o ***root*** que tiene acceso sin limitaciones a todo el equipo. Podremos crear nuevos usuarios del equipo a partir del menú **Sistema/Administración/ Usuarios y grupos.**

Usuarios del equipo.

Tipo de usuario.

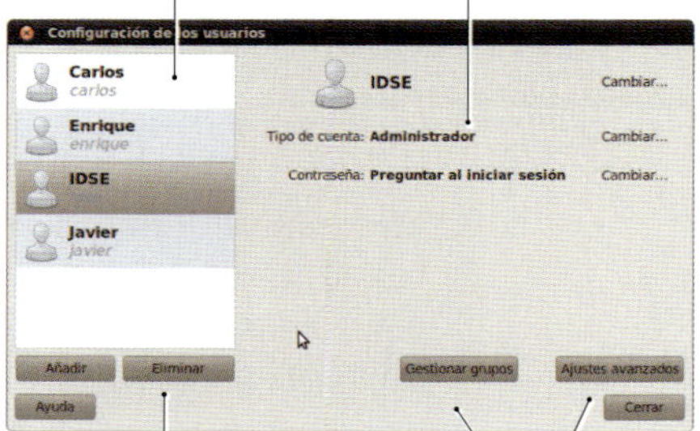

Crear o eliminar usuarios.

Cambios de ajuste y pertenencia a grupos.

El resto de usuarios tienen su propia carpeta, dentro de **Home,** para guardar sus archivos. Esta carpeta se organiza en subcarpetas, documentos, imágenes, vídeos o descargas, para facilitar la organización de todos los documentos.

Cada usuario solo tiene un acceso total a su propia carpeta, y aunque puede explorar las carpetas de otros usuarios, no puede modificarlas.

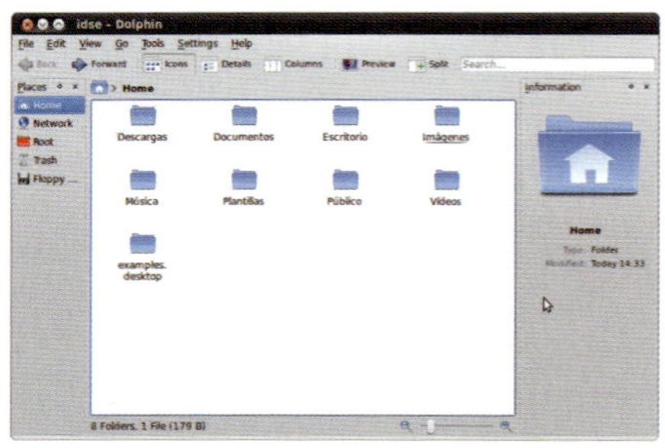

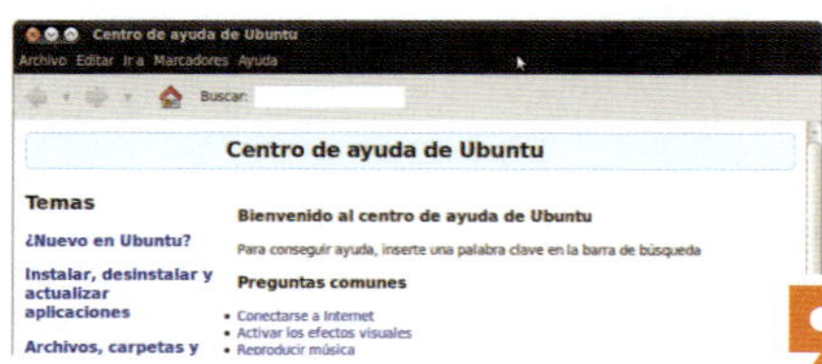

Centro de ayuda: para consultar cualquier duda que tengas del sistema operativo, presiona el icono .

03 El procesador de texto

Un procesador de texto es una herramienta informática que permite tratar, visualizar e imprimir un documento completo de texto.

> Los documentos de texto pueden incluir, además de palabras, imágenes, tablas, sonidos, etc.
>
> Podemos guardarlos y, en caso necesario, recuperarlos, así como imprimirlos y tener el texto en papel.

Aunque todos los procesadores que existen en el mercado son similares, nosotros vamos a trabajar con Microsoft Word y OpenOffice Writer.

Procesadores de texto

- WordPad
- Microsoft Word
- Word Perfect
- Lotus Amipro
- OpenOffice Writer

03.1 Microsoft Word

Un texto escrito con este programa se guarda con la extensión .doc o .docx; por tanto, todos los archivos que tengamos en el ordenador y que acaben en .doc o .docx son documentos de texto y podremos abrirlos con Microsoft Word.

Zonas importantes

Cuando ejecutamos este programa, tras pulsar sobre su icono, aparece una ventana en la que observamos las diferentes partes que lo forman.

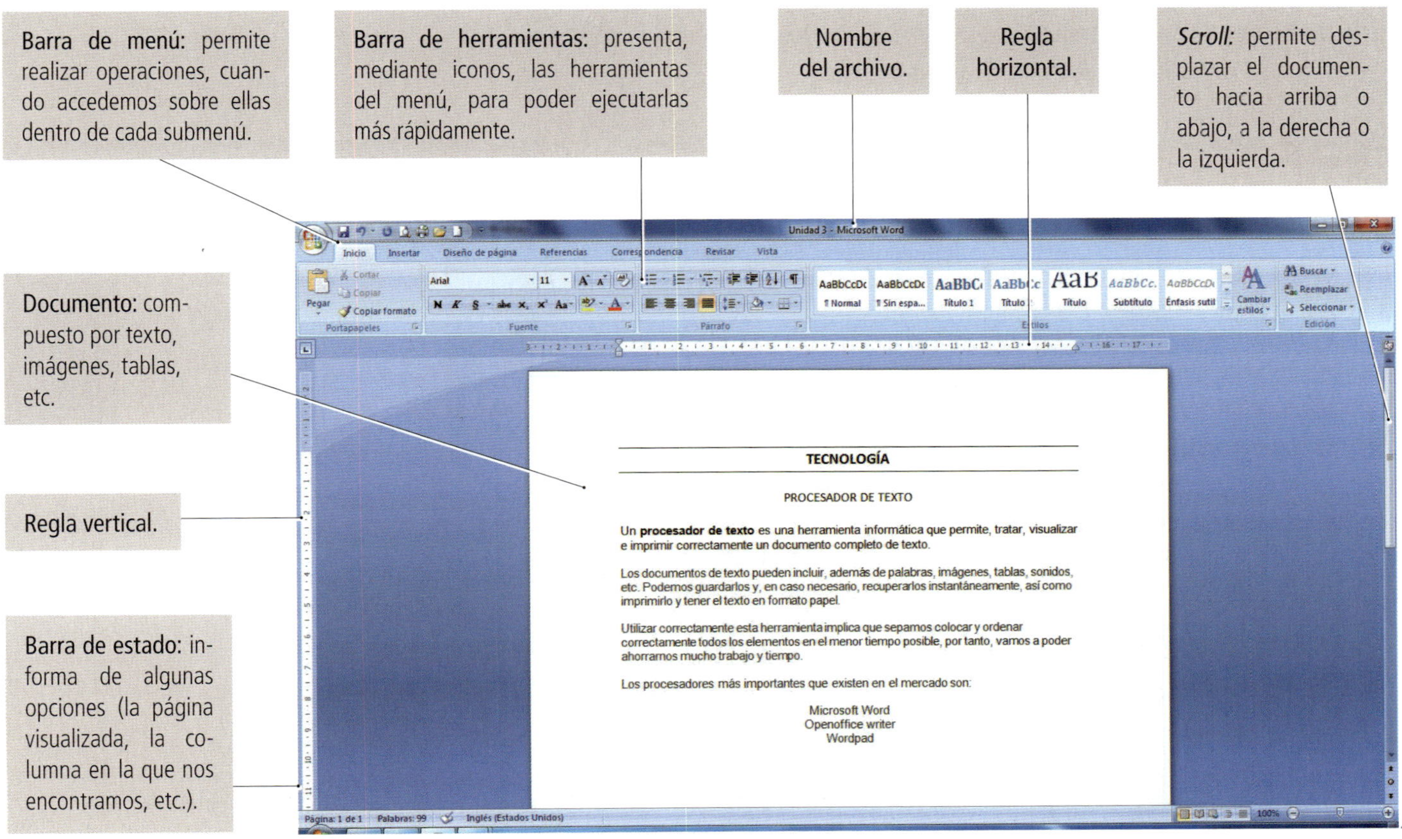

Configuración

Para sacar el máximo partido al procesador de texto, es necesario que conozcamos las herramientas que integran este programa.

Antes de comenzar a escribir el texto, lo primero es configurar una serie de elementos que nos permitirán trabajar correctamente con el documento:

- La página
- Las columnas
- Las viñetas
- Los bordes
- Los párrafos (alineación, interlineado, espaciado, sangría)
- La fuente (letras)
- El encabezado y el pie de página
- Las tabulaciones
- La inserción de imágenes
- La creación de tablas

> **Recuerda**
>
> La tecla **Intro** se pulsa para comenzar un nuevo párrafo.

Configurar la página

En primer lugar se definen los márgenes que tendrá todo el documento. Para ello, dentro del menú **Diseño de página**, pinchamos sobre la flecha de **Configurar página.**

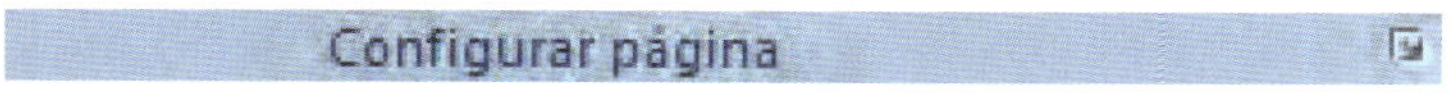

Se muestra el cuadro de diálogo y, en la pestaña de **Márgenes,** ponemos los valores que deseamos en los parámetros mostrados, según la figura siguiente. Después, elegimos la posición de la hoja, **Vertical** u **Horizontal** (apaisada), pinchamos en la solapa **Papel** y seleccionamos el tamaño de la hoja (A4, A3, carta, etc.). Por último, hacemos clic en **Aceptar.**

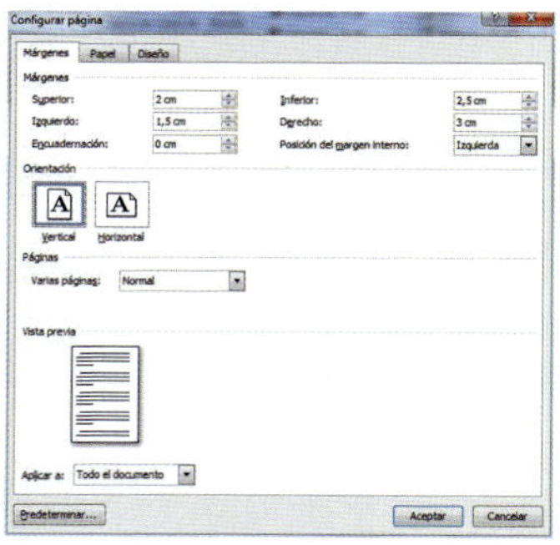

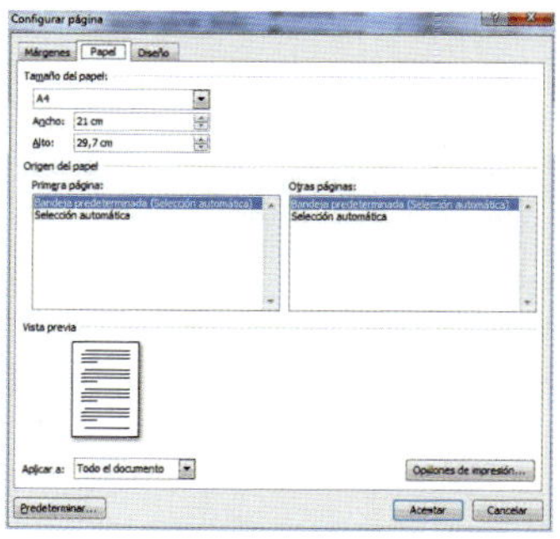

También podemos acceder a la configuración de la página utilizando los botones del menú **Diseño de página.**

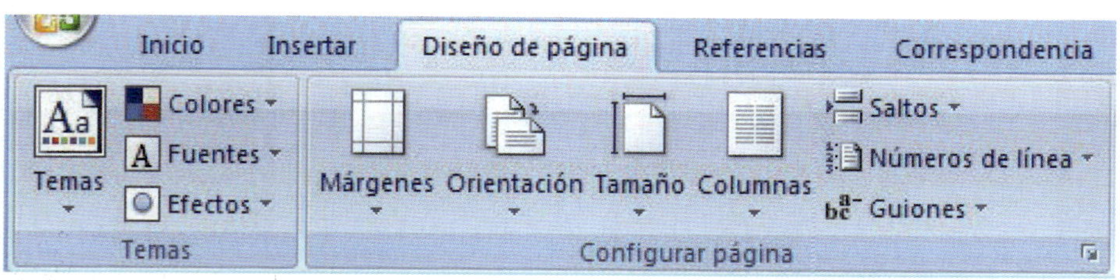

> **Ten en cuenta**
>
> Si modificas algún parámetro de la página, afectará a todo el documento. Por eso es muy importante realizarlo siempre al inicio.

Configurar las columnas

Si queremos que el texto se escriba en tres columnas, pinchamos en el menú **Diseño de página/Columnas** y seleccionamos **tres.**

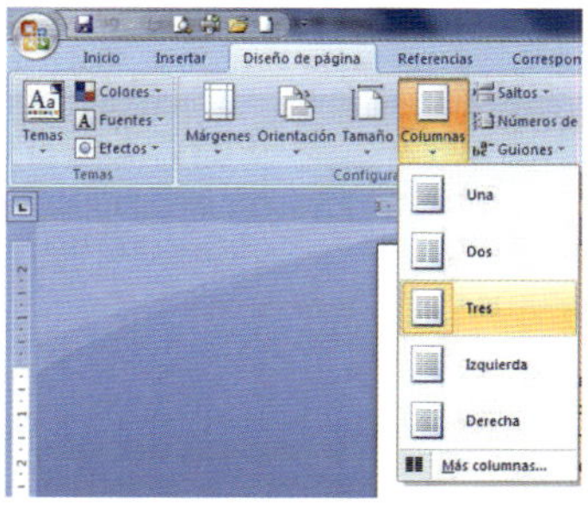

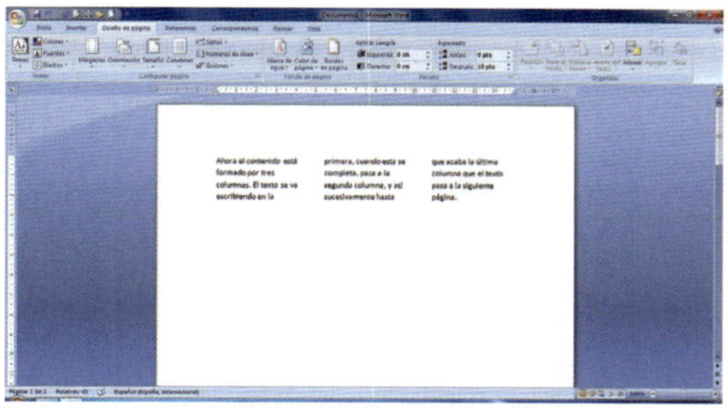

Ahora el documento está formado por tres columnas. El contenido del texto se va escribiendo en la primera y, cuando esta se completa, se pasa a escribir la segunda y así sucesivamente hasta que acaba la última columna.

Completada esta, pasamos a la página siguiente.

Ten en cuenta

Si en algún momento cambias el número de columnas, todo el documento se escribirá así. Para tener páginas con un número diferente de columnas tienes que insertar un salto de sección y, después, cambiar las columnas.

Configurar las viñetas

Si queremos que el párrafo tenga, al empezar y a su izquierda, un símbolo, tenemos que añadirle una viñeta. Para ello, dentro del menú **Inicio/Párrafo** pulsamos en el botón de **Viñetas.** Después, elegimos la viñeta que más nos guste.

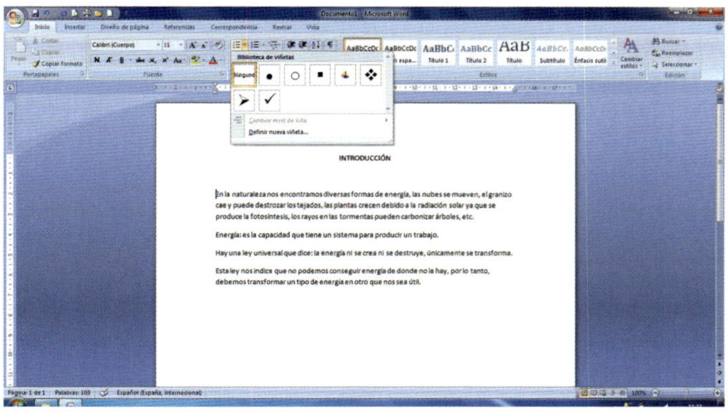

El resultado final será el siguiente:

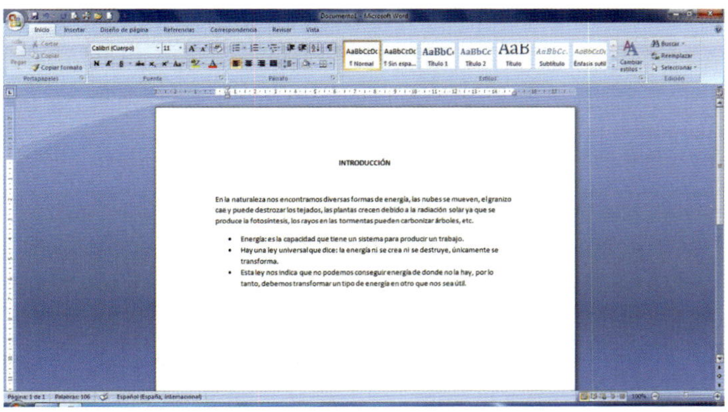

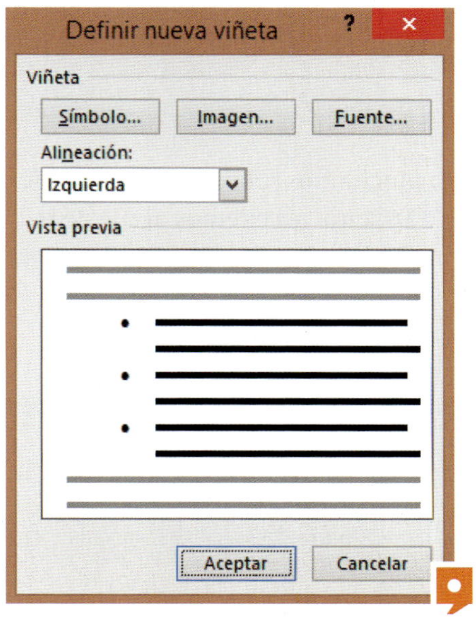

Microsoft Word permite definir y personalizar nuevas viñetas.

Configurar la fuente

Si queremos modificar el tipo de letra (fuente), el color, el tamaño, la separación entre letras, etc., debemos pinchar en **Inicio/Fuente.** Nos aparecerán estas opciones:

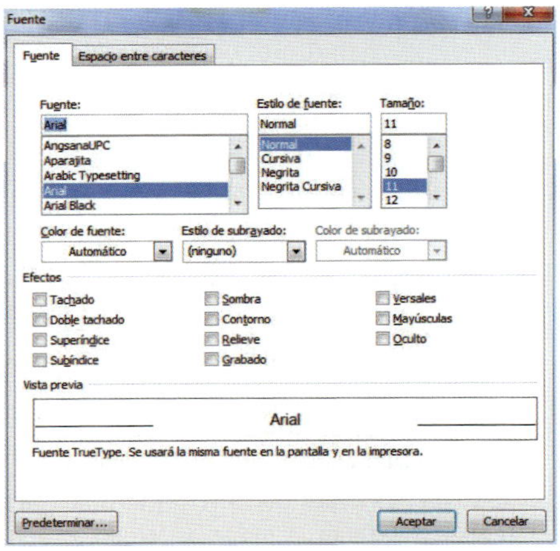

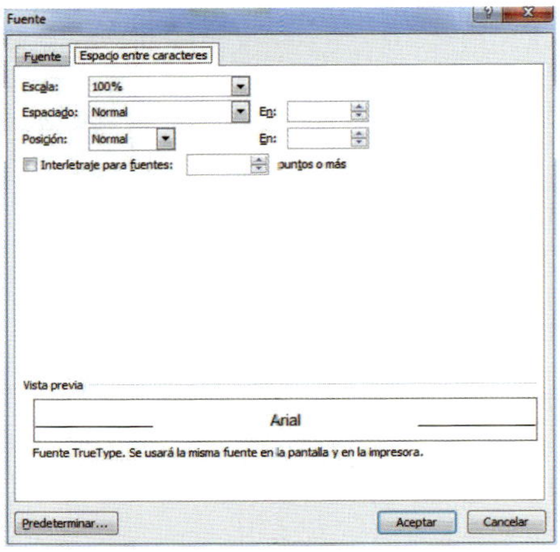

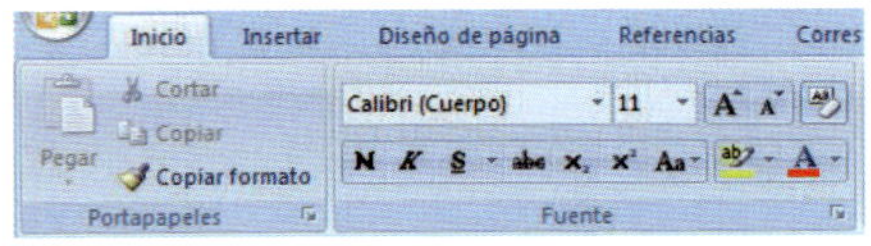

En la parte central de la ventana aparecen varias posibilidades que nos permiten incorporar efectos a las letras: aplicar sombras, relieve, contorno, superíndice, subíndice, etc.

Haciendo clic en la solapa **Espacio entre caracteres** modificamos la separación entre las letras que forman las palabras.

Ten en cuenta

La modificación de la fuente afecta a cada letra. Si se quiere modificar un párrafo, primero hay que seleccionarlo.

Configurar el encabezado y el pie de página

Desde el menú Insertar se accede a Encabezado, que es una zona de escritura que se repite, constante y automáticamente, en la parte superior de todas las hojas del documento. Seleccionamos **Encabezado/En blanco.**

Existe también otra zona similar, en la parte inferior de la hoja, llamada pie de página.

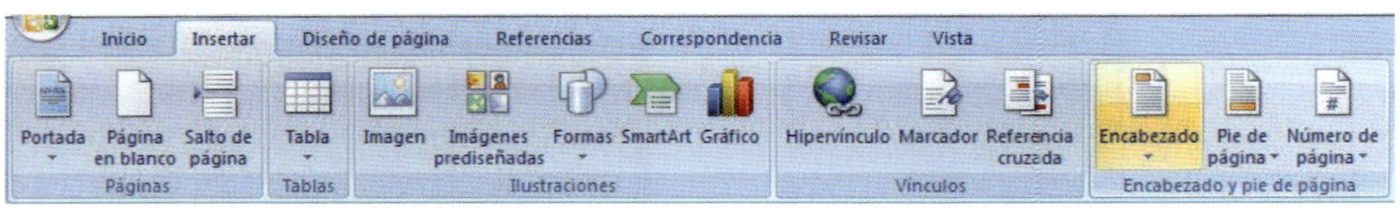

Si pinchamos sobre el icono Ir al pie de página, que aparece en la nueva pestaña de **Diseño,** accedemos al pie de página, donde introduciremos el texto, el número de hoja o la fecha actual pulsando sobre los iconos correspondientes.

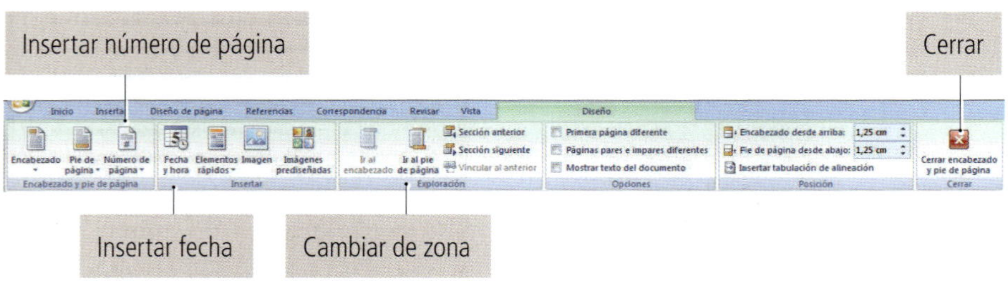

Una vez que hemos acabado de escribir el pie de página, pinchamos sobre **Cerrar encabezado y pie de página** y volveremos al texto principal de la hoja.

Configurar los párrafos

Vamos a configurar los parámetros más importantes de los párrafos.

- **La alineación**

Pinchando en la flecha del menú **Inicio/Párrafo,** y en la solapa **Sangría y espacio,** accedemos al apartado **Alineación,** donde seleccionamos una de las cuatro posibilidades: a la izquierda, a la derecha, centrada y justificada.

Las alineaciones ajustan las palabras del párrafo para que las líneas empiecen siempre en el margen izquierdo, en el derecho, en el centro o en la izquierda y la derecha a la vez, según la alineación elegida.

Si la alineación es centrada, las líneas quedarán centradas en los renglones, y si el párrafo es justificado, el procesador intercalará espacios entre las palabras, de forma que las líneas empiecen en el margen izquierdo y acaben en el derecho.

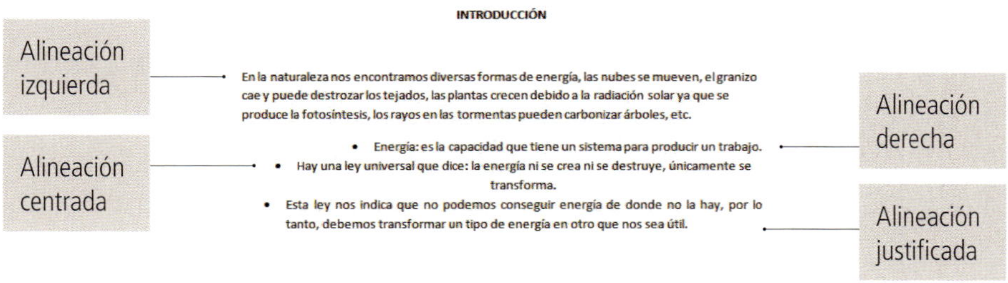

- **El interlineado**

Entre una línea y otra del mismo párrafo, el procesador introduce automáticamente una distancia. Esta distancia se denomina **interlineado.**

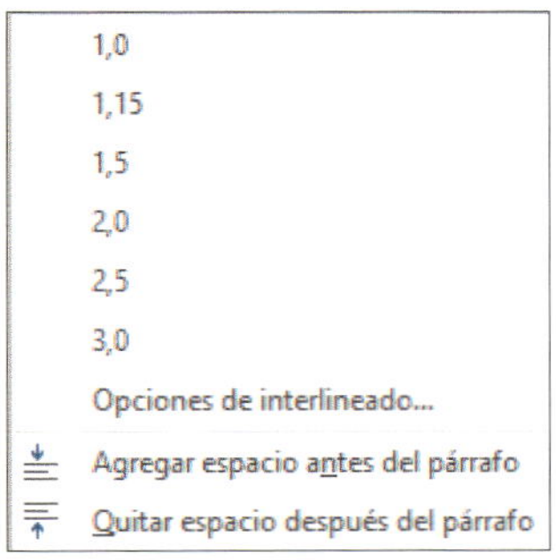

En la solapa **Sangría y espacio** nos situamos sobre la sección Interlineado y elegimos una de las opciones para separar las líneas: normal, doble, 1,5 veces, una distancia exacta o una distancia mínima.

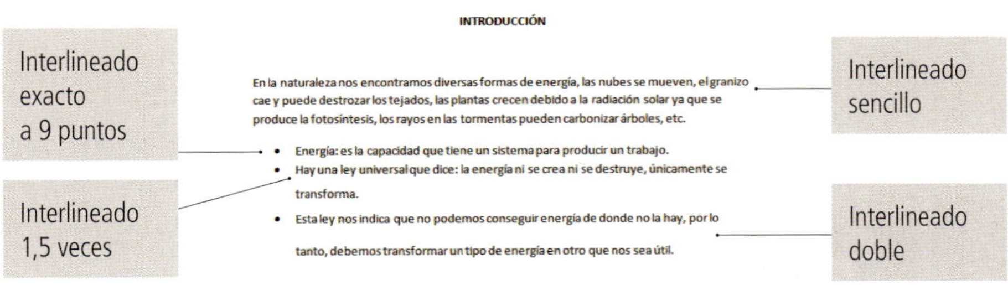

Observa

Existen unos iconos en la barra de herramientas **Inicio** que nos permiten modificar la alineación rápidamente:

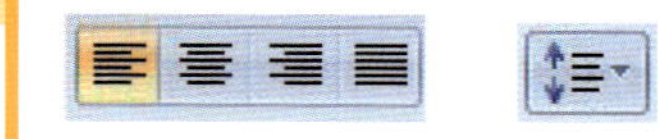

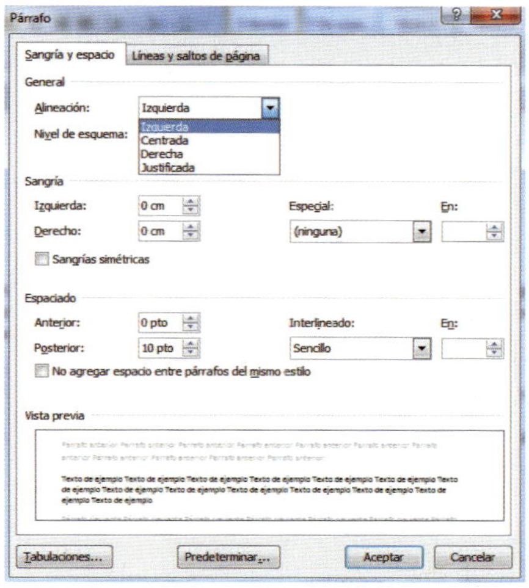

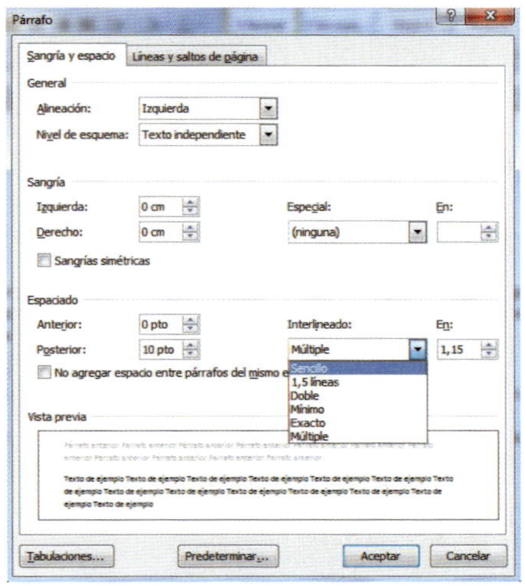

- **El espaciado**

Para modificar el espaciado de un párrafo entramos en el menú al que se accede desde **Inicio/Párrafo** y, en la sección **Espaciado,** configuramos las distancias que queremos dar antes y después del párrafo.

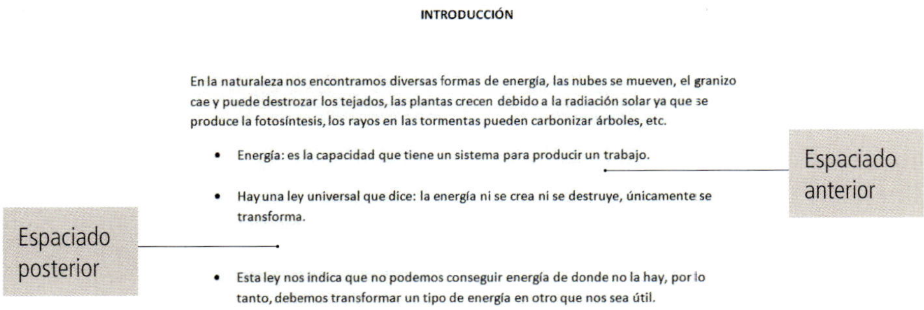

En la parte inferior de algunas ventanas y en la barra de herramientas aparece Vista previa. Pinchando en ella obtendremos una visión general de la página.

- **Las sangrías**

A veces , al redactar un texto, queremos dejar en algunos párrafos un espacio mayor que el margen. Este espacio, medido desde el margen, se denomina **sangría.**

Para realizar la sangría, en la misma ventana, en el apartado **Sangría y espacio,** introducimos los valores escogidos para los márgenes izquierdo y derecho.

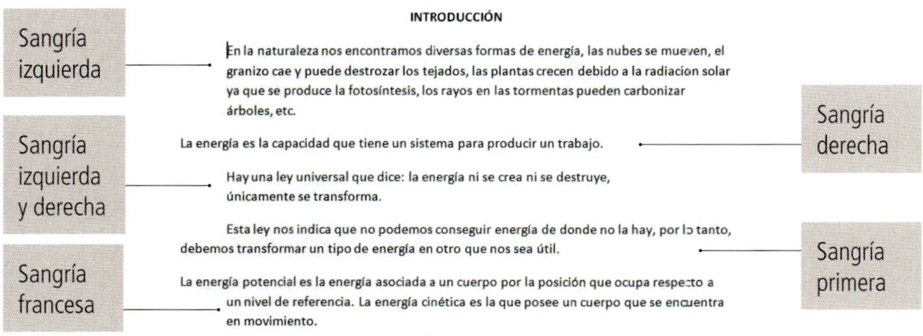

Ten en cuenta

La sangría depende del párrafo elegido. Si modificamos la sangría, la modificación solo afectará al párrafo que tengamos seleccionado.

En la parte central aparece una casilla con el nombre Especial; en ella podemos elegir entre sangría de **primera línea** y **francesa.**

La sangría de **primera línea** es un espacio que se aplica a la primera línea del párrafo, y la **francesa** es a la inversa: la primera línea no se mueve, pero todas las demás del párrafo se desplazan.

Podemos modificar los márgenes y las sangrías moviendo los indicadores desde la regla horizontal.

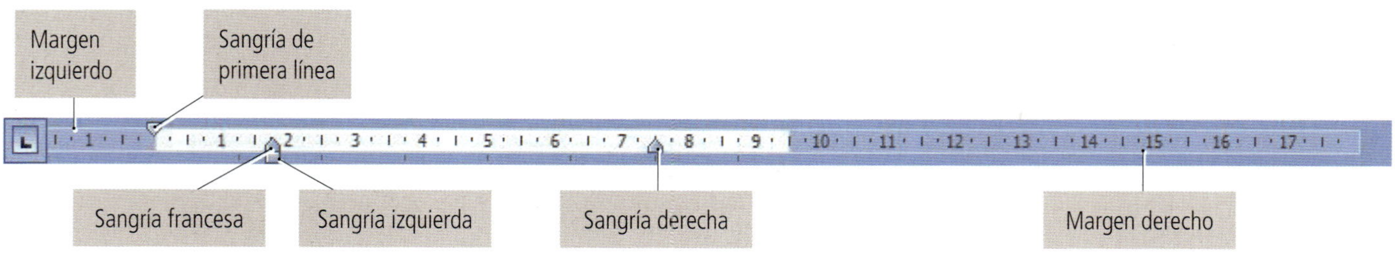

Configurar los tabuladores

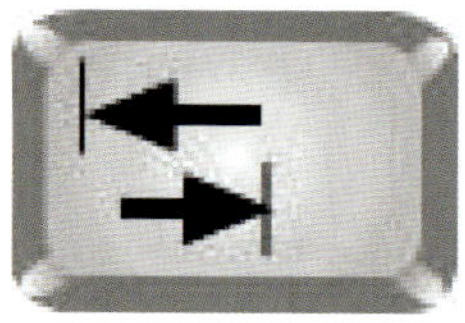

Los **tabuladores** son marcas que nos sirven de guías para colocar las palabras. Indican los márgenes que se utilizan solo cuando presionamos la tecla de tabulación.

Seleccionamos el tipo de tabulador que queremos añadir pulsando varias veces sobre el icono de selección, a la izquierda de la regla horizontal.

Si hacemos clic con el puntero del ratón sobre la regla en la posición elegida, aparece el indicador del tabulador.

Izquierda: las palabras se colocan desde la marca de tabulación hacia la derecha.

Centrada: las palabras se colocan desde la marca de tabulación hacia ambos lados.

Derecha: las palabras se colocan desde la marca de tabulación hacia la izquierda.

Decimal: se utiliza con números decimales, de forma que las comas de todos los números quedan alineadas con la marca de tabulación.

Barra de tabulación: sirve para dibujar una línea vertical donde coloquemos la marca.

Configurar los bordes

Podemos bordear un párrafo con líneas seleccionando el párrafo y accediendo a **Inicio/Bordes y sombreados.**

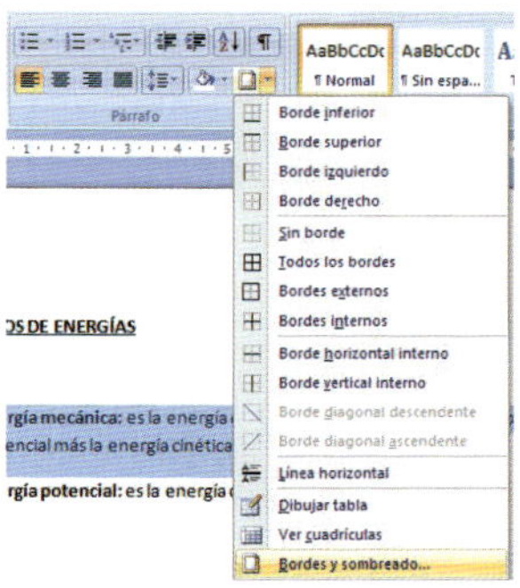

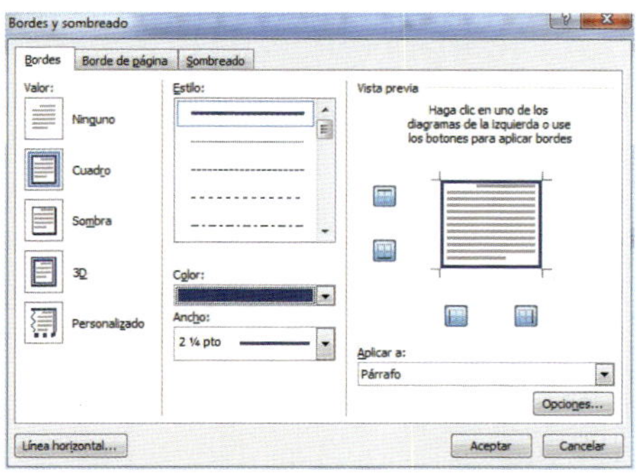

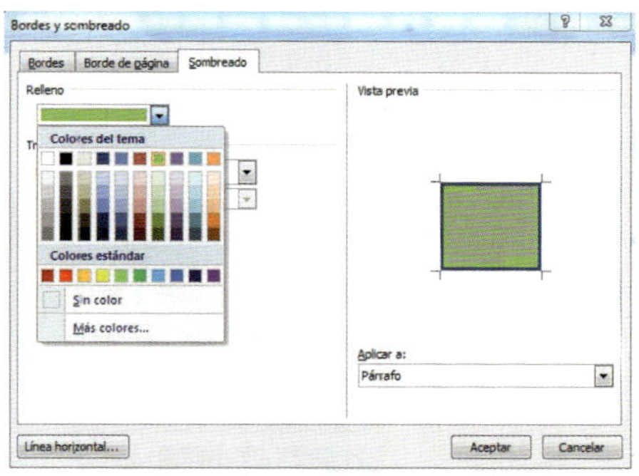

Seleccionamos el tipo, el color y el grosor de la línea. En la parte derecha de la ventana, debajo de **Vista previa**, aparecen unos botones que nos permiten elegir los bordes que queremos marcar en el párrafo. Si deseamos sombrear un párrafo con un determinado color, pinchamos en la pestaña **Sombreado**, dentro de la ventana **Bordes y sombreado,** y seleccionamos el color elegido.

El párrafo quedará con un fondo verde y recuadrado.

TIPOS DE ENERGÍAS

Energía mecánica: es la energía debido al movimiento de los cuerpos y es la suma de la energía potencial más la energía cinética.

Energía potencial: es la energía debida a la inclusión.

Insertar imágenes

En los documentos, a veces, necesitamos insertar imágenes o fotografías que ilustren el texto.

Podemos insertar varios tipos de imágenes. Si hemos realizado fotografías con una cámara digital y las tenemos guardadas, las insertamos desde el menú **Insertar/Imagen**, pinchando luego sobre la carpeta donde están guardadas.

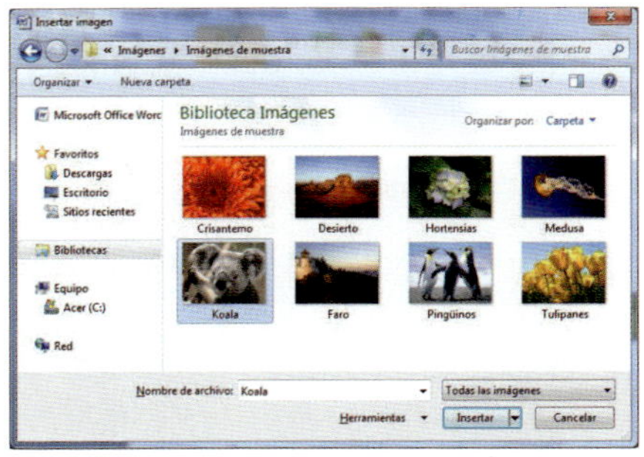

A través de **Imágenes prediseñadas** tenemos acceso a la colección de imágenes ya definidas de Microsoft Word. Aparecerá una ventana de búsqueda y, de las colecciones presentadas, elegiremos la que nos interese.

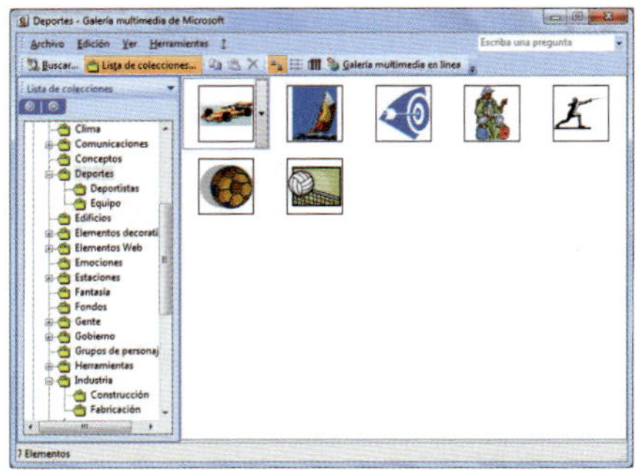

También podemos pulsar **Organizar** clips, que contiene una colección de imágenes organizadas por temas.

Si pulsamos sobre **Galería** multimedia en línea tendremos la posibilidad de importar muchas imágenes desde Internet.

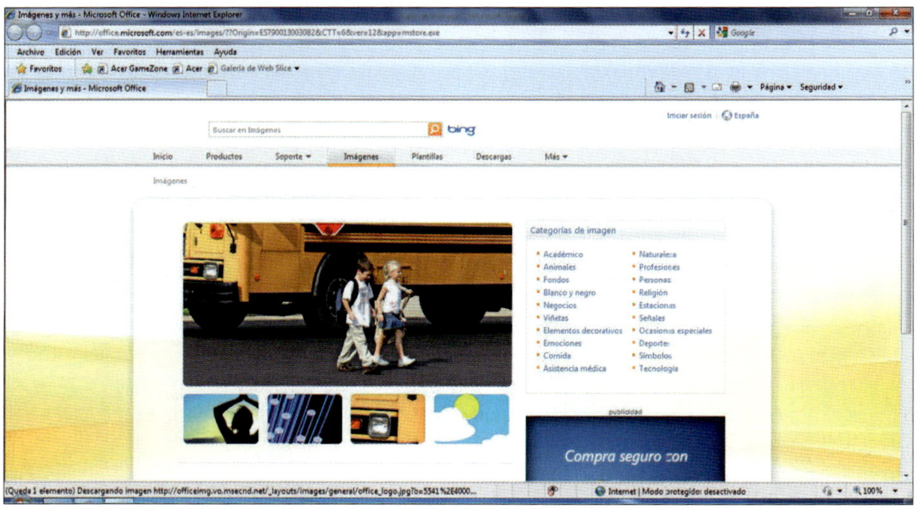

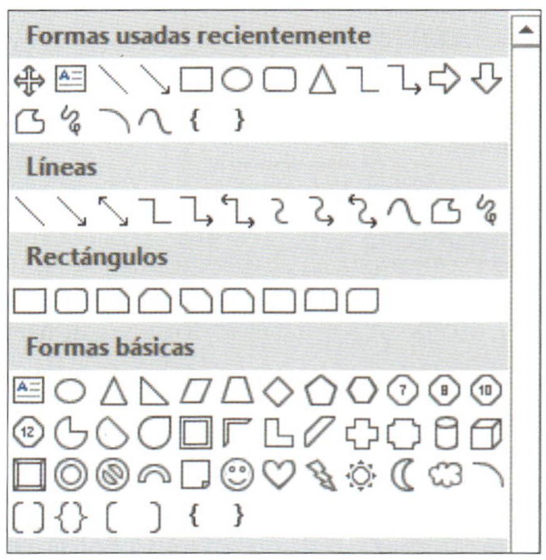

Otra posibilidad que nos ofrece este programa es añadir dibujos predefinidos, llamados «formas». Estos dibujos se pueden modificar, con la particularidad de que, aunque se estiren, no pierden calidad al imprimirlos.

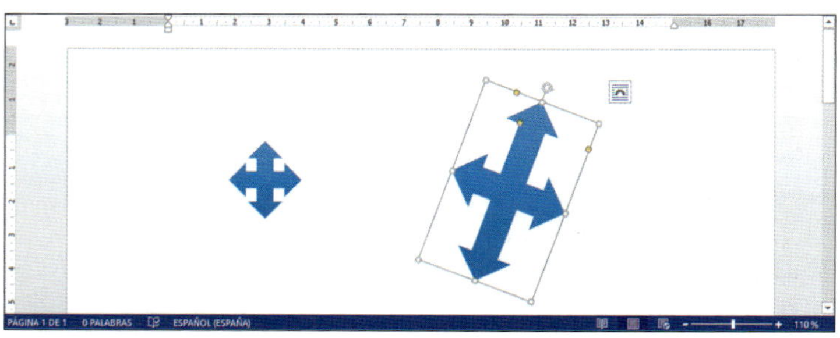

Insertar tablas

Una tabla está formada por **filas** (horizontales) y **columnas** (verticales).

La intersección de una fila con una columna da lugar a una **celda**, que es el elemento más pequeño en el que podemos introducir información.

Para crear una tabla hacemos clic sobre el menú **Insertar/Tabla.** Aparece una ventana de diálogo que nos pedirá el número de filas y de columnas que deseamos que tenga.

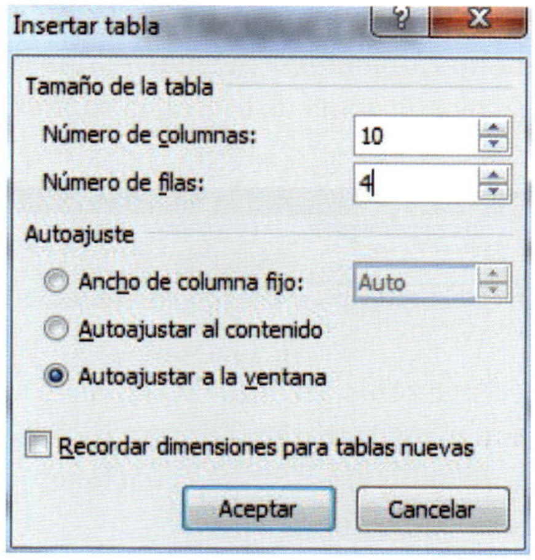

Seleccionamos 10 columnas y 4 filas. Al hacer clic sobre **Autoajustar a la ventana,** el programa colocará el ancho y el alto de forma que ocupe toda la ventana.

Una vez dibujada la tabla, pinchamos sobre la celda elegida y escribimos el texto. A continuación, pinchamos sobre otra para cumplimentarla o pulsamos el tabulador para ir a la siguiente celda.

Valoración	1	2	3	4	5	6	7	8	9
Matemáticas						X			
Lengua			X						
Tecnología					X				

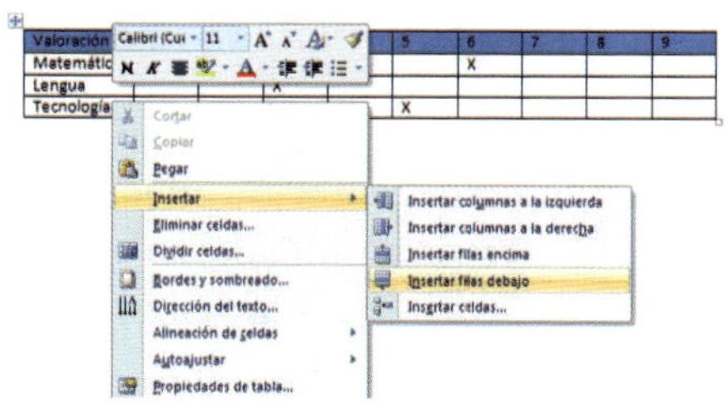

Vamos a añadir una columna para colocar el número 10 y una fila más para añadir la asignatura de Plástica:

- Colocamos el cursor sobre la celda «Tecnología» y, pulsando el botón derecho del ratón, accedemos al menú **Insertar/Insertar filas debajo.**
- Colocamos el cursor sobre la celda del 9 y accedemos de la misma forma al menú **Insertar/Insertar columnas a la derecha.** Aparece una columna más e insertamos el texto.

Valoración	1	2	3	4	5	6	7	8	9	10
Matemáticas						X				
Lengua			X							
Tecnología					X					
Plástica							X			

Para concluir el trabajo, podríamos poner el título en negrita, alineado en el centro y en mayúsculas. Para ello, seleccionamos con el ratón la primera fila, pulsamos sobre el icono de **Inicio/Negrita** N y, después, sobre el icono **Centrar**, y por último accedemos al menú **Inicio/Cambiar mayúsculas y minúsculas** Aa.

Para agrupar varias celdas en una sola, las seleccionamos (en este caso, la primera columna) y accedemos al menú **Presentación de la tabla/Combinar celdas.** Si queremos dividir una celda en varias, seleccionamos la celda (en este caso, la primera columna que acabamos de combinar) y accedemos al menú **Tabla/Dividir celdas,** donde elegimos 4 filas y 1 columna, y volvemos a tener las celdas que desaparecieron anteriormente.

http://concurso.cnice.mec.es/cnice2006/material107/index.htm

Explicaciones y actividades sobre operadores y mecanismos.

Podemos dibujar la tabla utilizando el lápiz. Para ello, accedemos al menú **Diseño de la tabla/Dibujar tabla** y el cursor se convierte en un lápiz con el que podemos dibujar una tabla eligiendo el tipo de línea, el grosor, el color, la goma de borrar, el sombreado, etc.

VALORACIÓN	1	2	3	4	5	6	7	8	9	10
Matemáticas						X				
Lengua			X							
Tecnología					X					
Plástica							X			

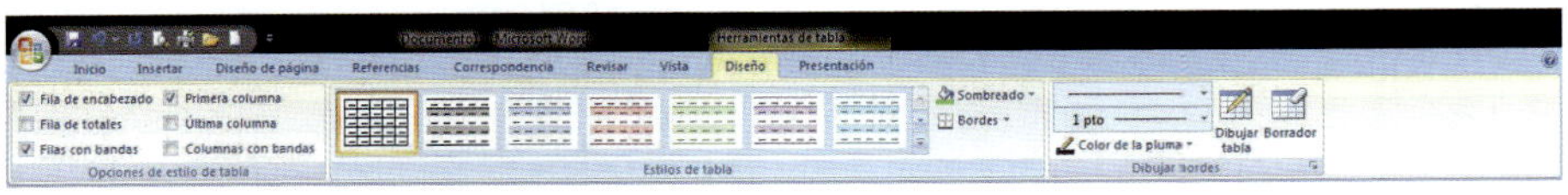

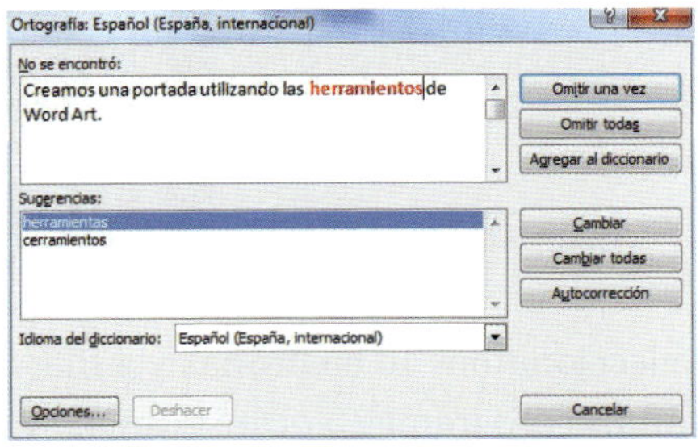

Existen otras herramientas que no serán estudiadas este curso, y que nos permiten realizar diversas tareas, como escribir una ecuación de matemáticas utilizando el editor de ecuaciones, corregir automáticamente el texto con el corrector ortográfico, etc.

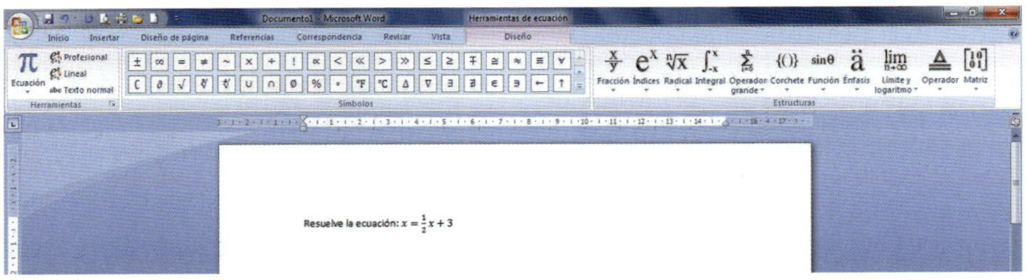

En la siguiente ilustración puedes visualizar algunos de los parámetros que has estudiado en esta unidad.

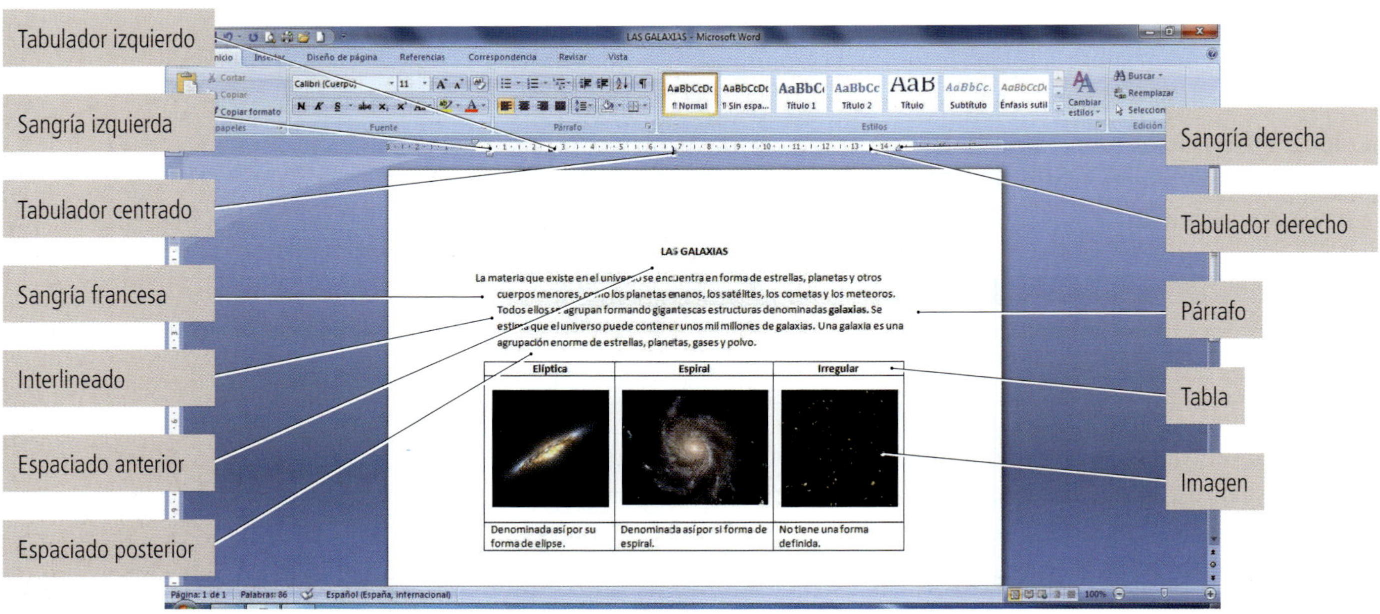

03.2 OpenOffice Writer

Un texto escrito con este programa se guarda con la extensión **.odt;** por tanto, todos los archivos que tengamos en el ordenador y que acaben en .odt son documentos de texto y podremos abrirlos con **OpenOffice Writer.**

Zonas importantes

Cuando ejecutamos este programa, tras pulsar sobre su icono, aparece una ventana en la que observamos las diferentes partes que lo forman.

Barra de menú: permite realizar operaciones, cuando accedemos sobre ellas dentro de cada submenú.

Nombre del archivo

Barra de herramientas: presenta, mediante iconos, las herramientas del menú, para poder ejecutarlas más rápidamente.

Regla horizontal

Documento: compuesto por texto, imágenes, tablas, etc.

Regla vertical

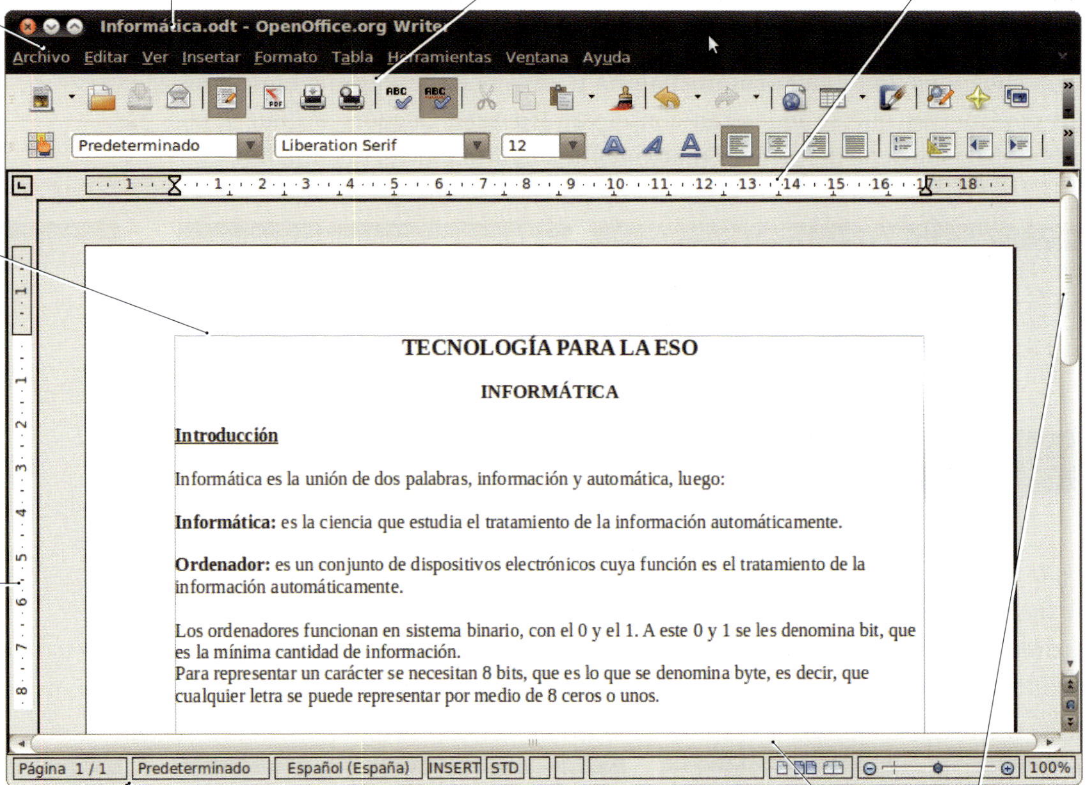

Barra de estado: informa de algunas opciones (la página visualizada, la columna en la que nos encontramos, el número de palabras que contiene el documento, el idioma, etc.).

Scroll: permite desplazar el documento hacia arriba o hacia abajo, así como hacia la derecha o la izquierda.

Configuración

Para sacar el máximo partido al procesador de texto, es necesario que conozcamos las herramientas que integra este programa.

Antes de comenzar a escribir el texto, lo primero que debemos hacer es configurar una serie de elementos que nos permitirán trabajar correctamente con el documento:

- La página (dimensiones, fondo, encabezado, pie de página, borde y columnas).
- Las viñetas.
- La fuente (letras).
- Los párrafos (alineación, interlineado, espaciado, sangría y tabulaciones).
- La inserción de imágenes.
- La creación de tablas.

Configurar la página

En primer lugar se eligen el formato y la posición de la hoja de papel.

Para ello, pinchamos en **Formato/Página** y, en la pestaña **Página**, indicamos los parámetros que se muestran con el valor deseado, según la imagen siguiente. Después, se definen los márgenes que tendrá todo el documento.

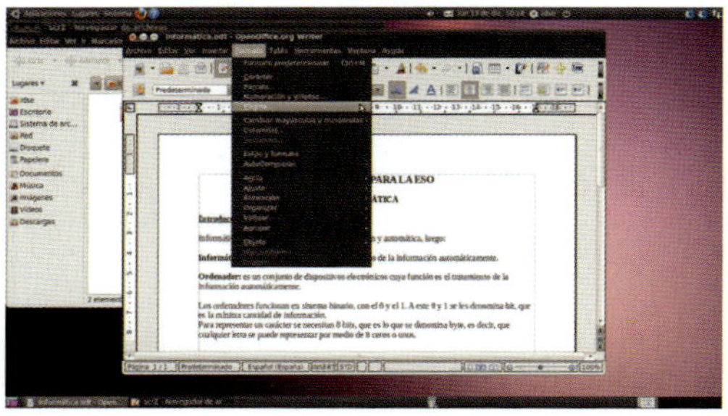

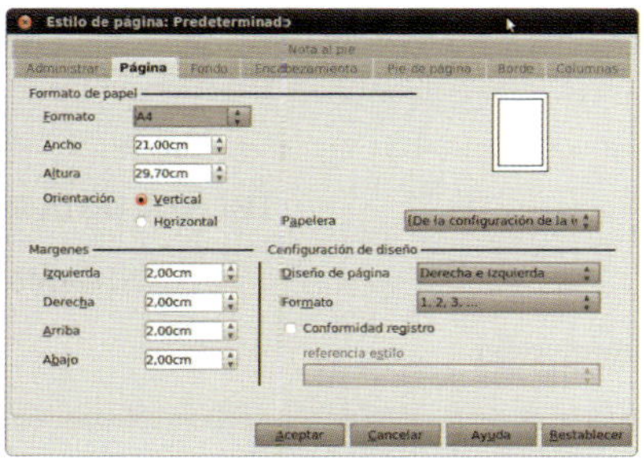

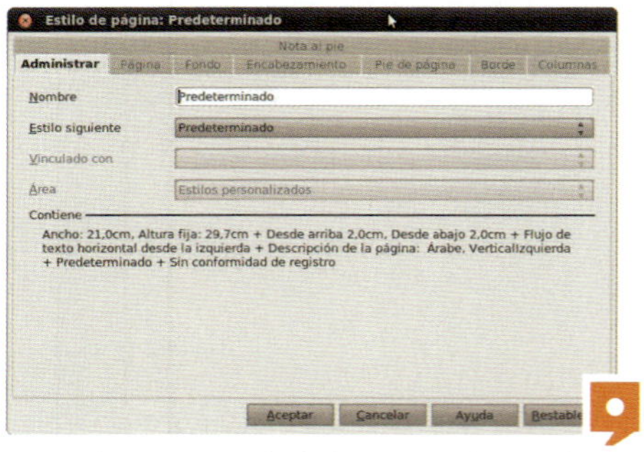

En la pestaña **Administrar** puedes cambiar los estilos prefijados para el texto.

En la pestaña **Encabezamiento** se activa el encabezado, si así lo deseamos, y se fijan los márgenes y el espacio del mismo. El encabezado y el pie de página aparecen automáticamente en todas las hojas del documento, o alternativamente si la casilla **Contenido a la izquierda/derecha igual** está seleccionada.

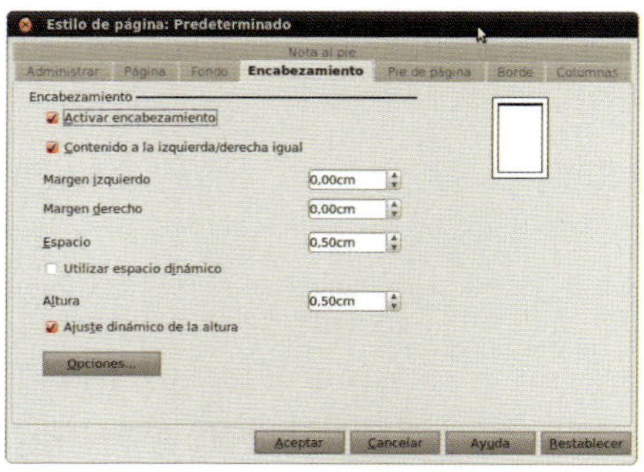

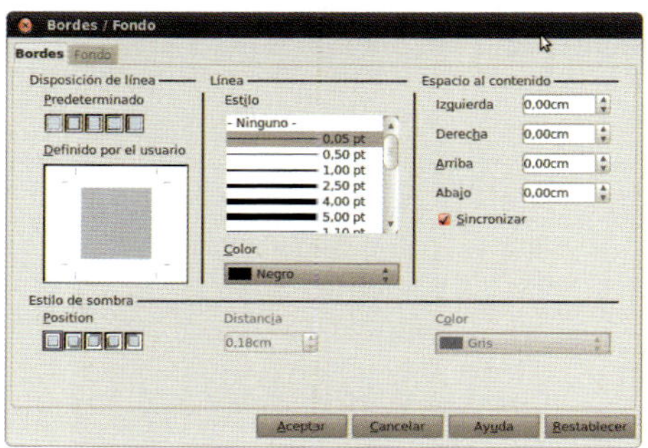

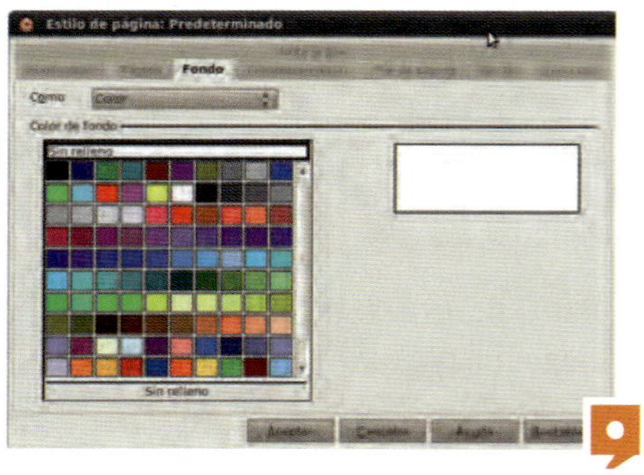

En la pestaña **Fondo** puedes elegir el color del fondo del texto.

En el botón **Opciones** se pueden elegir el borde y el fondo del encabezado.

La pestaña **Pie de página** se configura de la misma forma que el encabezado.

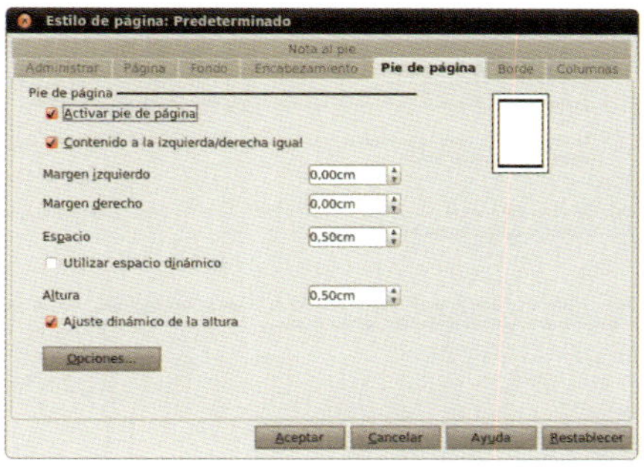

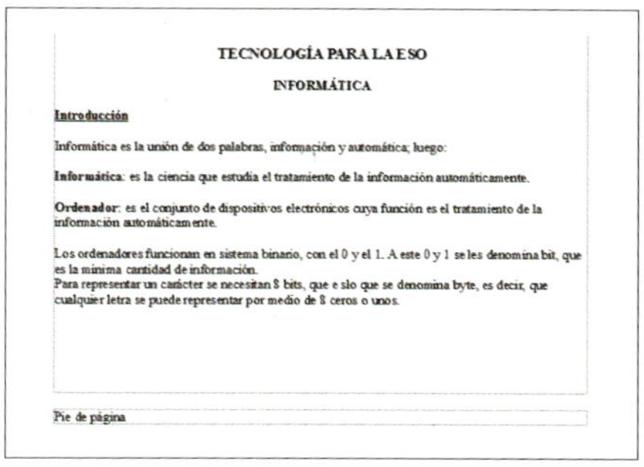

Si nos interesa que las hojas tengan un borde alrededor del texto, simplemente tenemos que indicárselo en la pestaña **Borde.**

En el apartado **Disposición de línea** debemos pinchar en aquellos laterales donde queramos colocar el borde.

En **Línea** le indicamos el grosor, el estilo y el color, y en **Espacio al contenido,** la distancia de separación del texto.

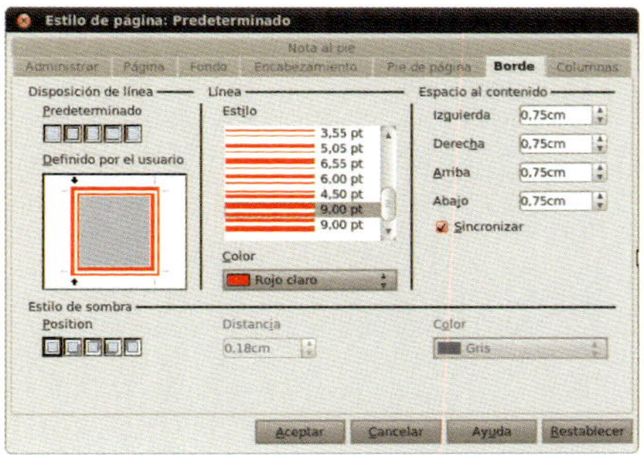

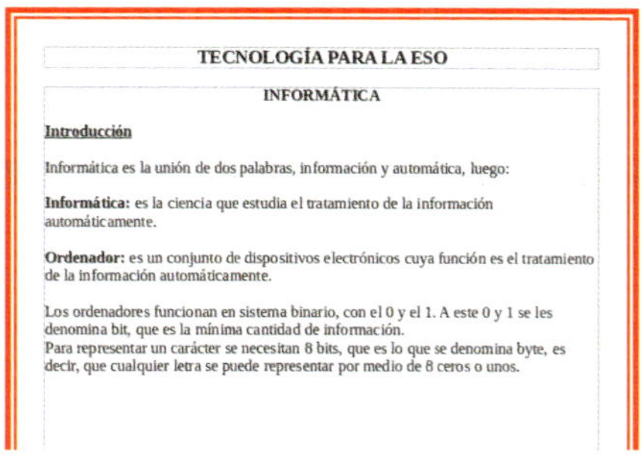

Para escribir el texto en tres columnas pinchamos en la pestaña **Columnas** y seleccionamos 3.

Ahora, el documento está formado por tres columnas. El contenido del texto se va escribiendo en la primera, y cuando se completa se pasa a escribir en la segunda; y así sucesivamente, hasta que acaba la última columna.

Completada la última columna, se pasa a la página siguiente.

Recuerda

Si en algún momento cambias el número de columnas, todo el documento se escribirá así. Para tener páginas con un número diferente de columnas, tienes que insertar un salto de sección y, después, cambiar las columnas.

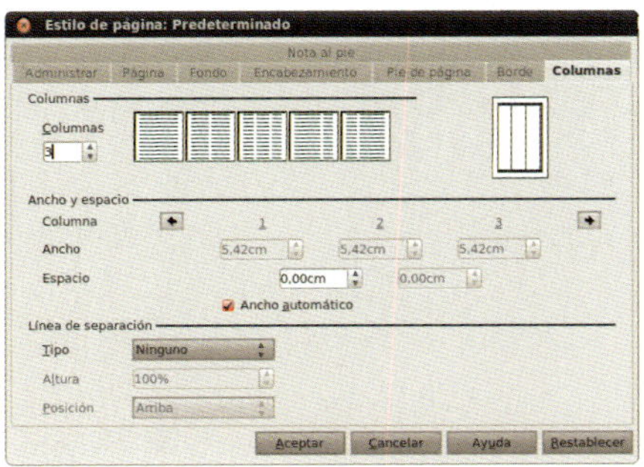

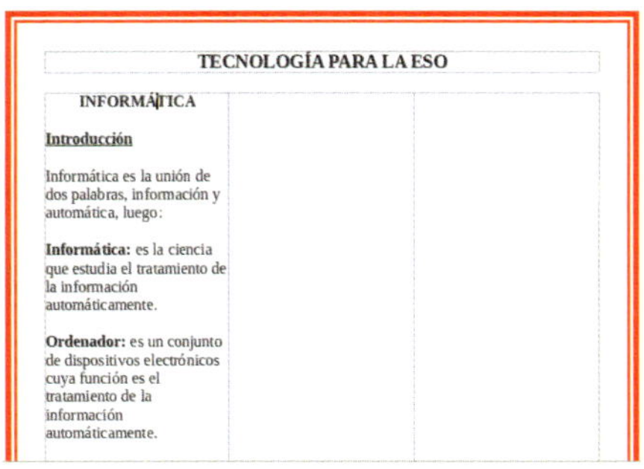

Configurar las viñetas

Para añadir viñetas a nuestro texto pulsamos en **Formato/Numeración y viñetas** y seleccionamos la viñeta deseada.

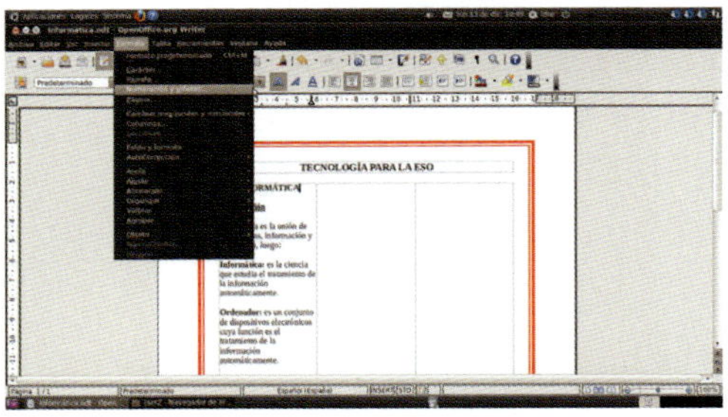

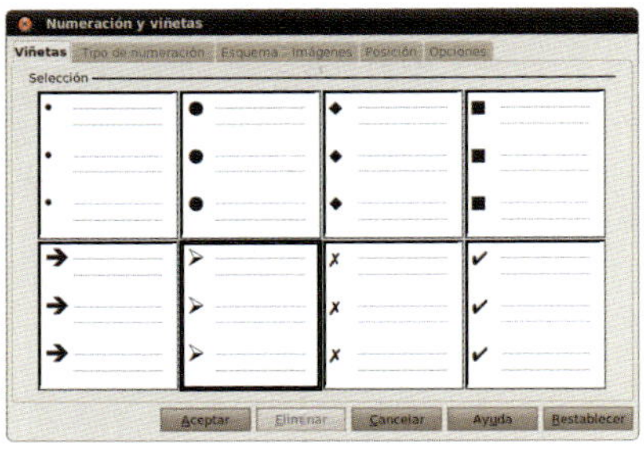

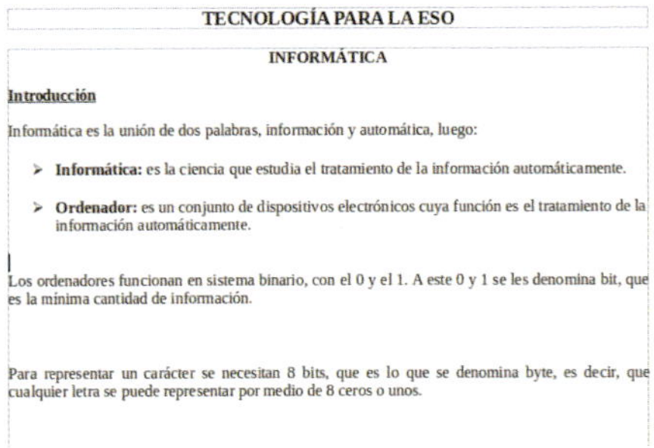
TECNOLOGÍA PARA LA ESO

INFORMÁTICA

Introducción

Informática es la unión de dos palabras, información y automática, luego:

- **Informática:** es la ciencia que estudia el tratamiento de la información automáticamente.
- **Ordenador:** es un conjunto de dispositivos electrónicos cuya función es el tratamiento de la información automáticamente.

Los ordenadores funcionan en sistema binario, con el 0 y el 1. A este 0 y 1 se les denomina bit, que es la mínima cantidad de información.

Para representar un carácter se necesitan 8 bits, que es lo que se denomina byte, es decir, que cualquier letra se puede representar por medio de 8 ceros o unos.

Al pulsar **Aceptar** se inserta la viñeta en el párrafo donde esté situado el cursor.

Si queremos añadir las viñetas a varios párrafos a la vez, tenemos que seleccionar partes de los párrafos elegidos con la tecla **Control** presionada y, después, elegir la viñeta correspondiente.

Recuerda

La modificación de la fuente afecta a cada letra. Si queremos modificar un párrafo, primero hay que seleccionarlo.

Configurar la fuente

Para modificar el tipo de letra (carácter), el color, el tamaño, la orientación, el espaciado, etc., seleccionamos el menú **Formato/Carácter** y nos aparece, en la pestaña **Fuente**, la posibilidad de modificar la fuente, el tamaño y el tipo.

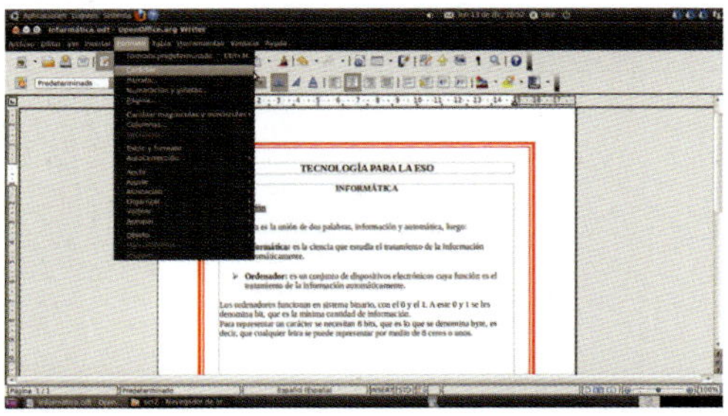

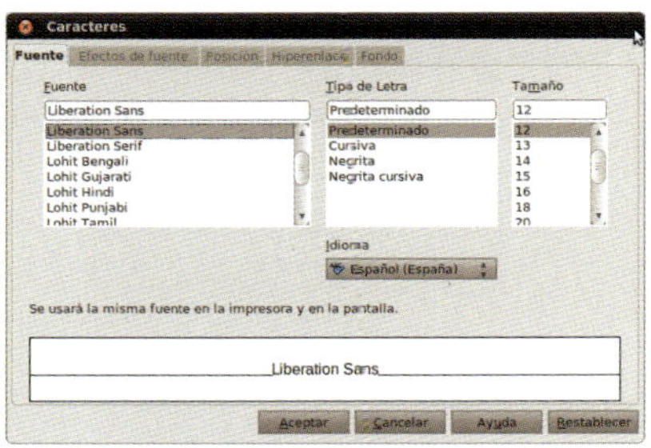

En la pestaña **Efectos de fuente** podemos modificar el color de la fuente o añadir algún otro efecto visual.

En la pestaña **Posición** se pueden modificar la rotación del texto, la posición y el espaciado.

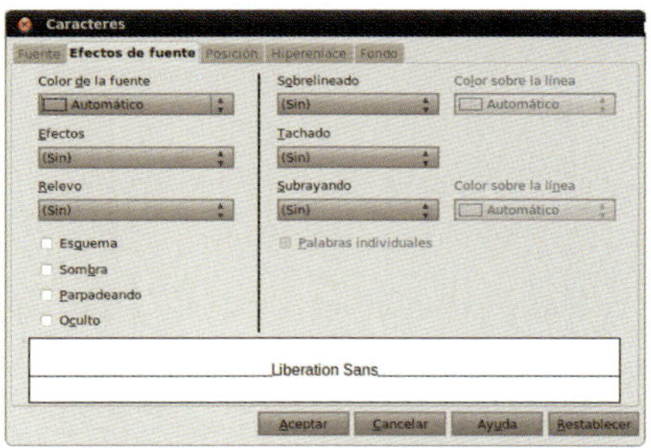

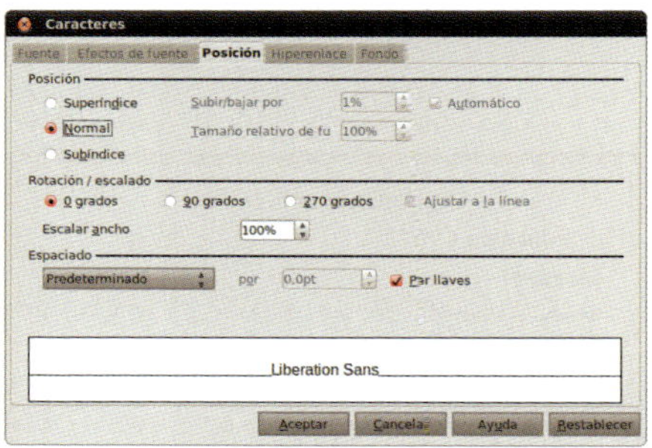

También se puede añadir un hiperenlace, así como un fondo al texto seleccionado.

Configurar los párrafos

Ahora vamos a configurar los parámetros más importantes de los párrafos.

- **La alineación.** En el menú **Formato/Párrafo** y en la solapa **Alineación**, seleccionamos una de las cuatro posibilidades de alineación: a la izquierda, a la derecha, centrada o justificada. Las alineaciones ajustan las palabras del párrafo para que las líneas empiecen siempre en el margen izquierdo, en el derecho, en el centro o en la izquierda y la derecha a la vez, según la alineación elegida.

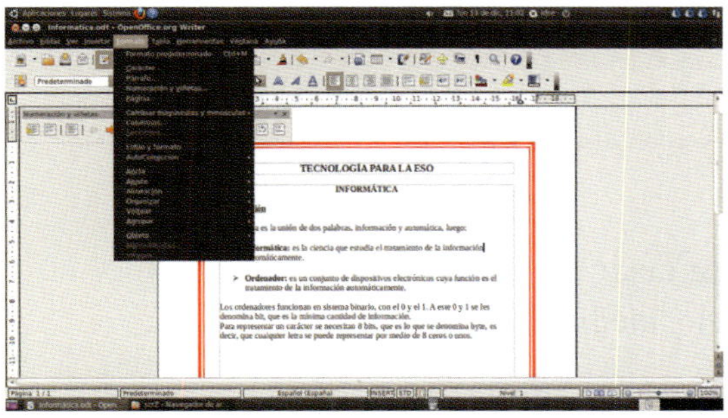

Si la alineación es centrada, las líneas quedarán centradas en los renglones, y si el párrafo es justificado, el procesador intercalará espacios entre las palabras, de forma que las líneas empiecen en el margen izquierdo y terminen en el derecho.

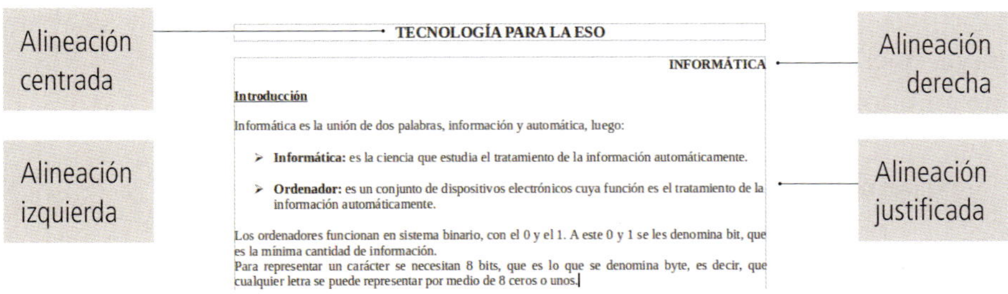

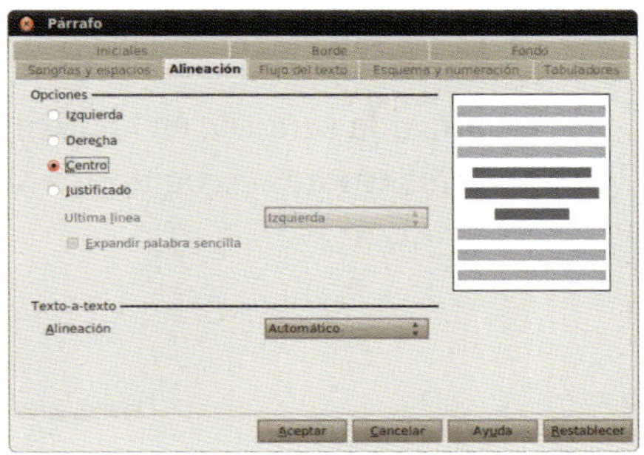

- **El interlineado.** Entre una línea y otra del mismo párrafo, el procesador introduce automáticamente una distancia. Esta distancia se denomina interlineado. Nosotros podemos indicar la distancia que nos interese.

  En la solapa **Sangrías y espacios**, nos situamos ahora sobre la sección **Interlineado** y elegimos una de las opciones para separar las líneas: simple, doble, 1,5 líneas, fijo, etc.

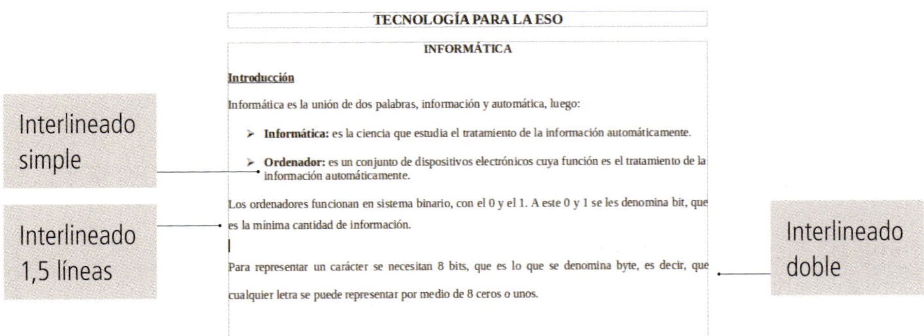

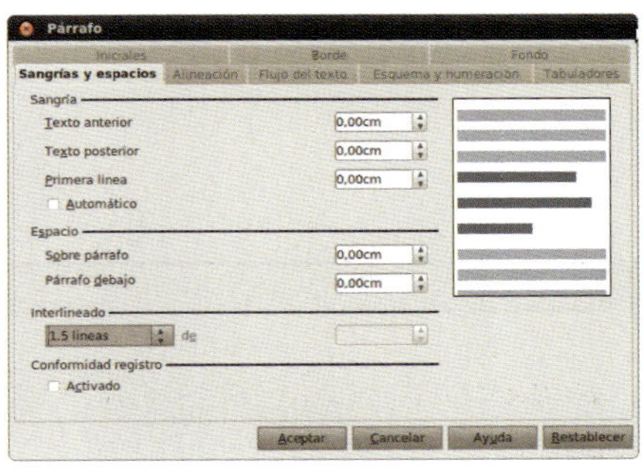

Recuerda

Existen unos iconos en la barra de herramientas que nos permiten modificar la alineación rápidamente:

- **El espaciado.** En esa misma pestaña, en la sección **Espacio,** configuramos las dimensiones que queremos dar antes y después de cada párrafo.

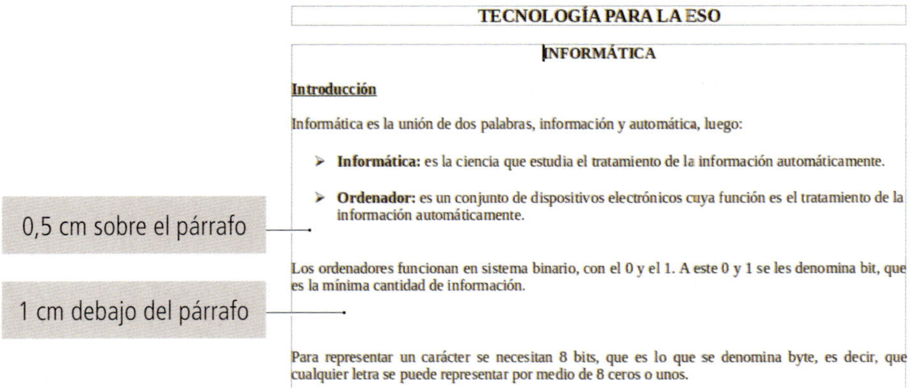

- **Las sangrías.** A veces, al escribir un texto, nos interesa dejar en algunos párrafos un espacio mayor que el del margen. Este espacio, medido desde el margen, se denomina **sangría.**

  Las sangrías más frecuentes son la sangría de **primera línea** y la **sangría francesa.**

  La sangría de **primera línea** consiste en añadir un espacio a la primera línea del párrafo, mientras que la **sangría francesa** consiste en aplicar exactamente el procedimiento contrario; es decir, en no mover la primera línea de un párrafo y desplazar todas las demás.

  Para realizar la sangría, en la misma ventana, en el apartado **Sangría,** introducimos los valores escogidos para el texto anterior y posterior.

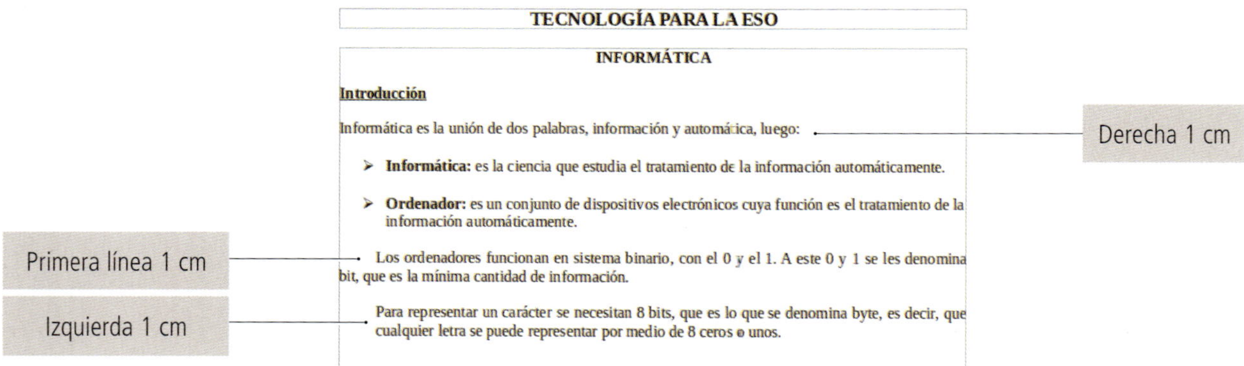

Los márgenes y las sangrías también podemos modificarlos moviendo los indicadores desde la regla horizontal.

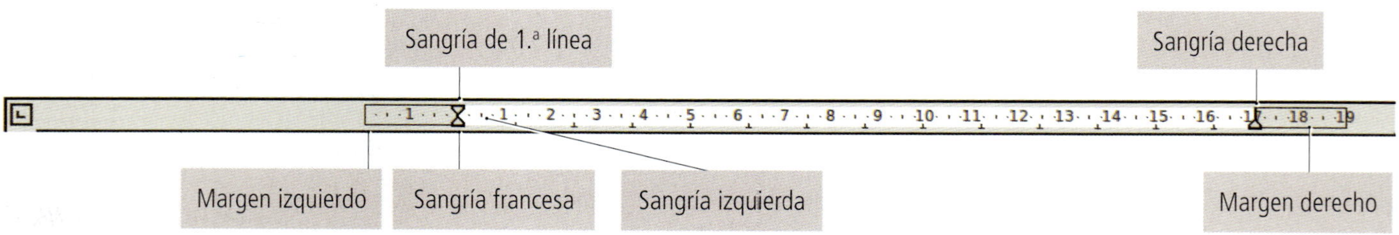

Configurar los tabuladores

Los **tabuladores** son marcas que nos sirven de guías para colocar las palabras. Indican los márgenes que se utilizan solo cuando presionamos la tecla de tabulación.

- **Tipos de tabulación.** Seleccionamos el tipo de tabulador que queramos añadir pulsando varias veces sobre el icono de selección a la izquierda de la regla horizontal.

  Si hacemos clic con el puntero del ratón sobre la regla en la posición elegida, aparece el indicador del tabulador.

Izquierda: las palabras se colocan desde la marca de tabulación hacia la derecha.

Centrada: las palabras se colocan desde la marca de tabulación hacia ambos lados.

Derecha: las palabras se colocan desde la marca de tabulación hacia la izquierda.

Decimal: se utiliza con números decimales, de forma que las comas de todos los números que-dan alineadas con la marca de tabulación.

Insertar imágenes

En los documentos, a veces, es necesario insertar imágenes o fotografías que ilustren el texto. Podemos insertar varios tipos de imágenes. Si hemos realizado fotografías con una cámara digital y las tenemos guardadas, lo haremos desde **Insertar/Imagen/A partir de archivo,** pinchando sobre la carpeta donde las tenemos guardadas y pulsando **Abrir.**

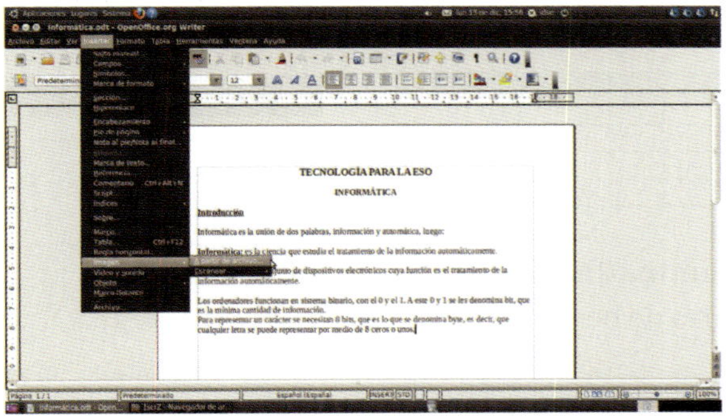

También podemos utilizar **Imágenes prediseñadas,** aunque en un principio no las tengamos instaladas en el programa. Para ello, tendremos que descargarlas e instalarlas desde la página web: http://openclipart.org/media/viewfile/downloads.xml

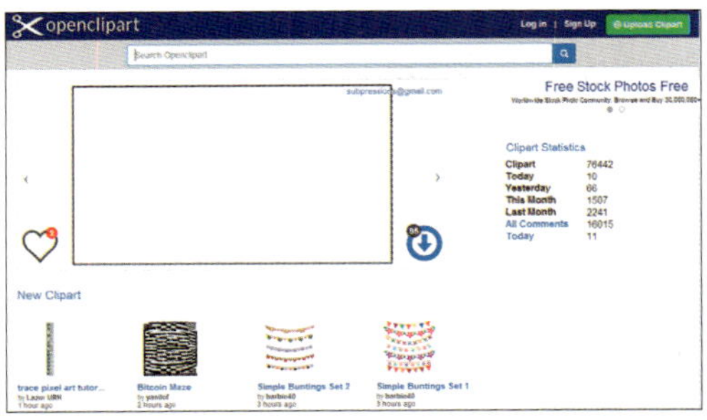

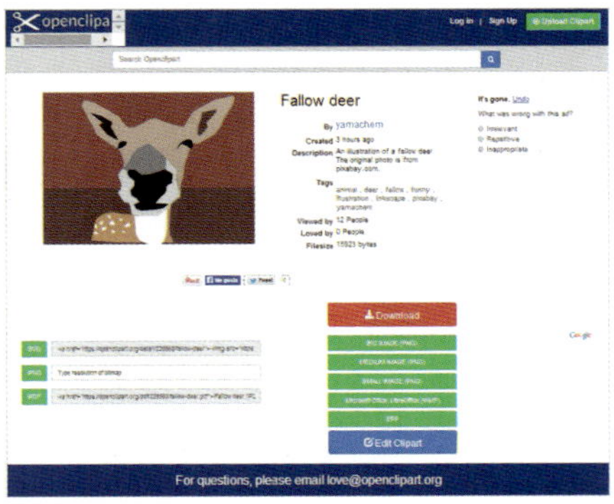

Insertar tablas

Una tabla es una disposición ordenada de elementos. Está formada por **filas** (horizontales) y **columnas** (verticales). La intersección de una fila con una columna da lugar a una **celda,** que es el elemento más pequeño en el que podemos introducir información.

Para crear una tabla hacemos clic sobre el menú **Tabla/Insertar/Tabla.** Aparece una ventana de diálogo que nos pedirá el número de filas y de columnas que deseamos que tenga.

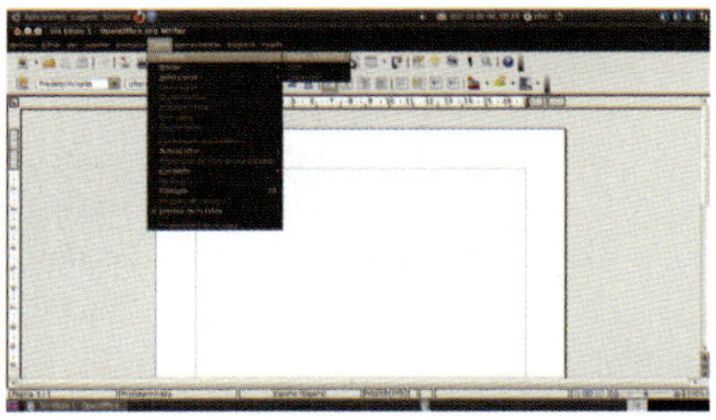

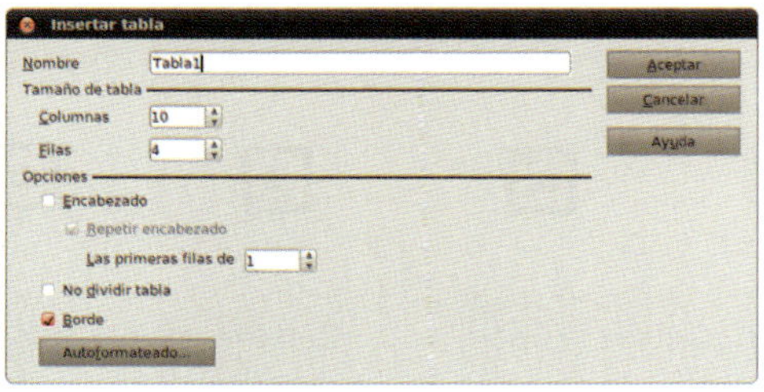

Seleccionamos 10 columnas y 4 filas. El programa colocará el ancho y la altura de forma que ocupe toda la ventana.

Valoración	1	2	3	4	5	6	7	8	9
Matemáticas						X			
Lengua			X						
Tecnología					X				

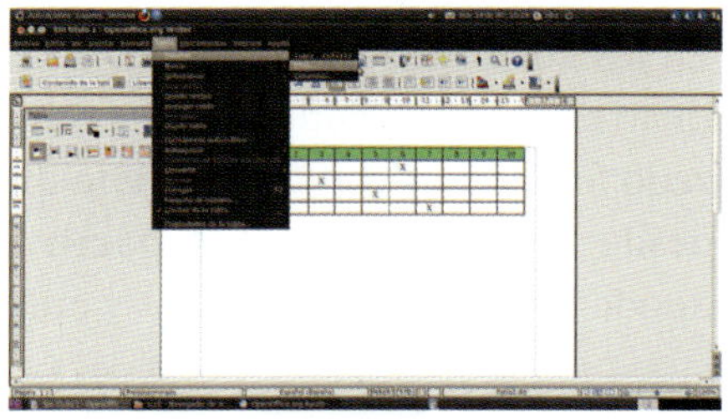

Una vez dibujada la tabla, pinchamos sobre la celda elegida y escribimos el texto. A continuación, pinchamos sobre otra celda para cumplimentarla, o pulsamos la tecla de tabulación para ir a la siguiente celda.

Ahora vamos a añadir una columna para colocar el número 10 y una fila más para añadir la asignatura de Plástica:

- Colocamos el cursor sobre la celda de «Tecnología» y, pulsando el botón derecho del ratón accedemos, al menú **Fila/Insertar.** También podemos hacerlo mediante el menú **Tabla** de la barra de herramientas.

Valoración	1	2	3	4	5	6	7	8	9	10
Matemáticas						X				
Lengua			X							
Tecnología					X					
Plástica							X			

- Colocamos el cursor sobre la celda del 9 y accedemos de la misma forma al menú **Columna/Insertar.** También podemos hacerlo mediante el menú **Tabla** de la barra de herramientas.

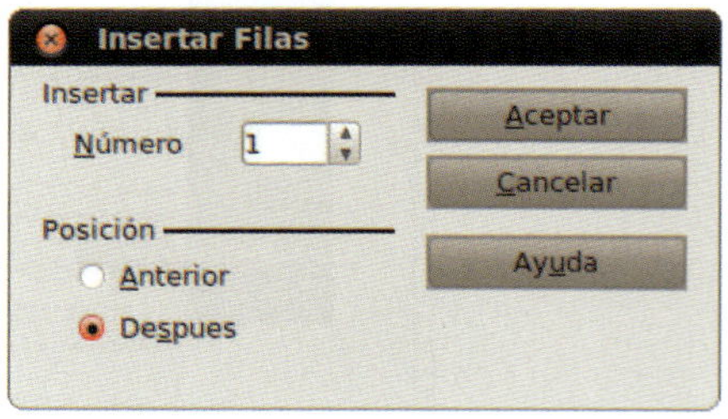

Si queremos agrupar varias celdas en una sola, seleccionamos las celdas, en este caso, la primera columna, y accedemos al menú de la barra de herramientas **Tabla/Unir celdas.** Si lo que deseamos es dividir una celda en varias, seleccionamos la celda, en este caso, la primera columna que acabamos de combinar, accedemos al menú **Tabla/Dividir celdas** y elegimos dividir la celda en cuatro y horizontalmente; así volveremos a tener las celdas que desaparecieron anteriormente. También podemos hacerlo con el botón derecho, accediendo al menú **Celda.**

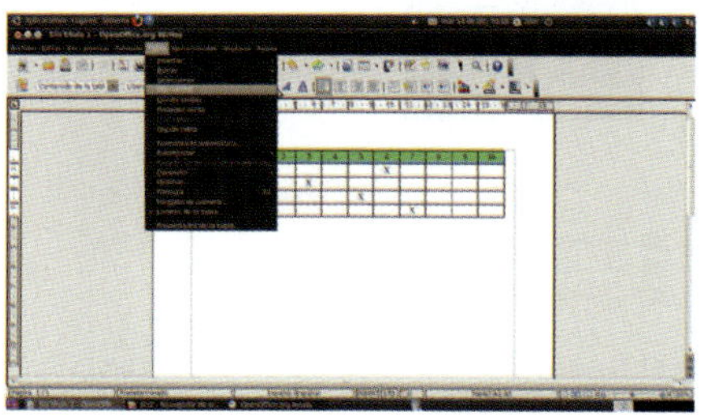

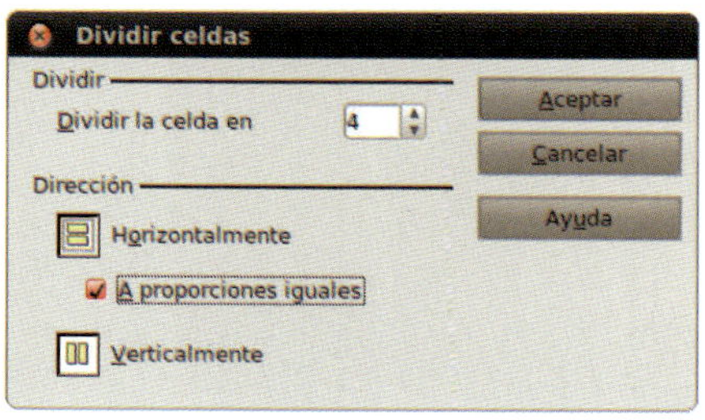

http://user.services.openoffice.org/es/forum/ viewforum.php?f=17

Foro de OpenOffice donde puedes solucionar dudas sobre el funcionamiento del procesador de texto Writer.

04 Presentaciones digitales

Una presentación digital es un documento realizado en el ordenador y formado por una sucesión de pantallas preparadas para ser proyectadas con un cañón electrónico. A cada pantalla se le llama **diapositiva** y puede contener múltiples objetos, como texto, imágenes, gráficos, música, vídeos, etc.

Las aplicaciones más conocidas que nos permiten crear presentaciones digitales son **PowerPoint** (incluida dentro de Microsoft Office) e **Impress** (incluida con la suite OpenOffice de las distribuciones Linux).

Observa

A los nombres de los archivos realizados con PowerPoint se les añade la extensión .pptx, y a los realizados en OpenOffice Impress, la extensión .odp.

Botón Archivo: contiene las opciones de abrir, guardar, imprimir, etc.

Menú de acceso rápido

Pestañas de menú y cinta de opciones: contiene las distintas herramientas agrupadas en sus pestañas correspondientes.

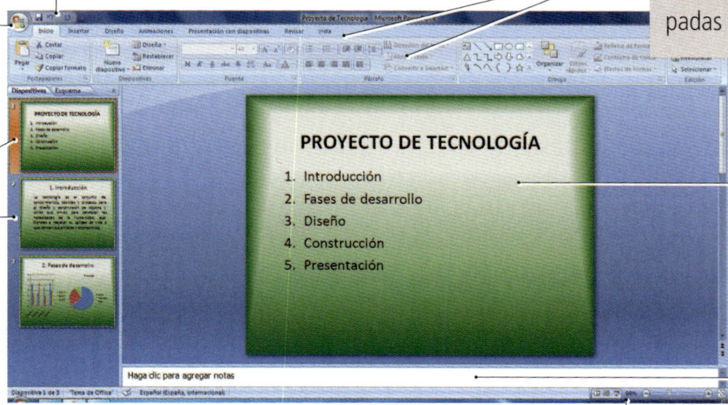

Diapositiva con la que estamos trabajando en cada momento.

Panel esquema y diapositivas: permite desplazarnos fácilmente de una diapositiva a otra e incluso cambiar el

Panel de notas: permite realizar anotaciones en la presentación, pero que no se ven en la diapositiva.

Botones de Visualización y Zoom: permiten ajustar distintas formas de ver el documento: modo normal, modo clasificador de diapositivas o modo presentación.

Menú de la aplicación: mediante los menús desplegables podemos acceder a todas las opciones que permite la aplicación.

Barras de herramientas: permiten un acceso fácil a las opciones más comunes.

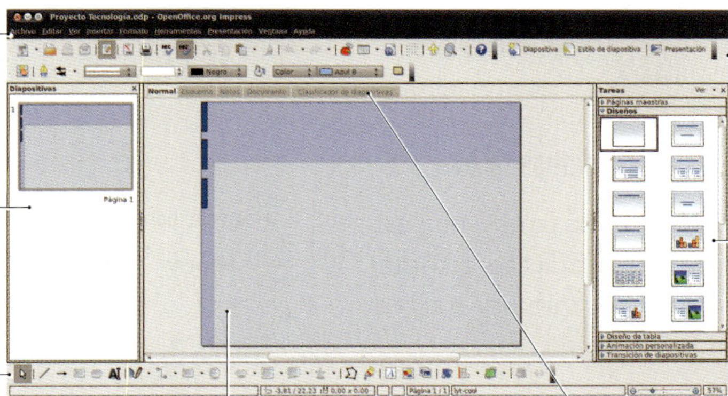

Ventana de diapositivas: muestra las distintas diapositivas de las que consta la presentación.

Barra de herramientas de dibujo: sirve para insertar en la diapositiva texto, imágenes, autoformas, etc.

Panel de tareas: hay cinco paneles distintos que permiten ajustar el diseño, la transición, las animaciones, las tablas y las páginas maestras.

Ventana de trabajo: contiene la diapositiva con la que estamos trabajando.

Modos de ver la presentación

Antes de comenzar a construir una presentación, es muy conveniente realizar un **trabajo previo** en el que se determinen:

- El número de diapositivas.
- Los objetos que contendrá cada una de ellas.
- El estilo general de las diapositivas.

04.1 Creación de presentaciones en PowerPoint

En la parte superior de la pantalla aparece la **cinta de opciones,** que contiene casi todas las herramientas que utilizaremos en la aplicación. El contenido de esta cinta variará según cual sea la pestaña del menú seleccionada.

Una marca en forma de flecha en la esquina inferior de la cinta indica que podemos acceder a herramientas adicionales.

> **Ten en cuenta**
>
> Para visualizar la presentación presiona F5 o pulsa sobre el botón **Presentación con diapositivas**  .

Pestaña activa

Pestañas

La flecha indica que hay más herramientas.

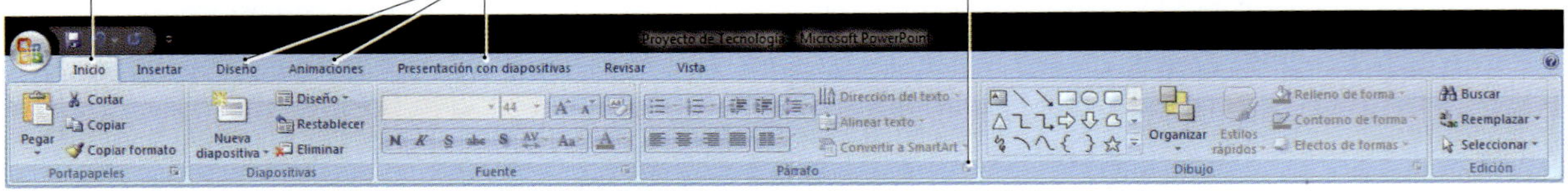

Los pasos para crear una presentación son:

1. Con el botón **Nueva diapositiva** de la pestaña **Inicio,** incluimos las diapositivas que necesitemos.
2. Elegimos los elementos que va a contener cada diapositiva desplegando el botón **Diseño** de la cinta de opciones **Diapositivas.**
3. A partir del botón **Diseño,** establecemos el estilo o tema, incluimos un color de fondo, tipos y colores de letra, elementos decorativos, etc.

3. Selecciona el estilo.

Pulsando con el botón derecho puedes decidir si el tema se aplica solo a una diapositiva, a varias o a todas.

Pulsando la flecha despliegas todos los modelos posibles. Podemos crear un estilo propio desde el botón **Estilo de fondo.**

1. Nueva diapositiva: añade tantas diapositivas como requiera la presentación.

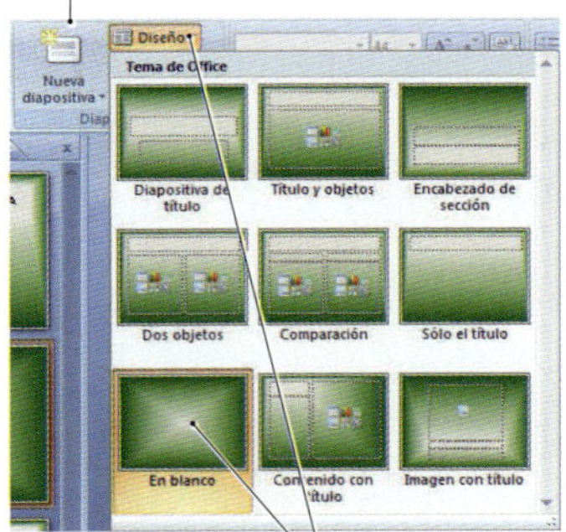

2. Selecciona el diseño de la diapositiva: indica el contenido que tendrá la diapositiva.

Insertar y editar objetos en las diapositivas

Si hemos seleccionado un diseño para la diapositiva, entonces aparecerán marcadas las distintas zonas, sobre las que tendremos que pulsar con el ratón para ir añadiendo contenido.

Los objetos que podemos añadir aparecen en la pestaña **Insertar.**

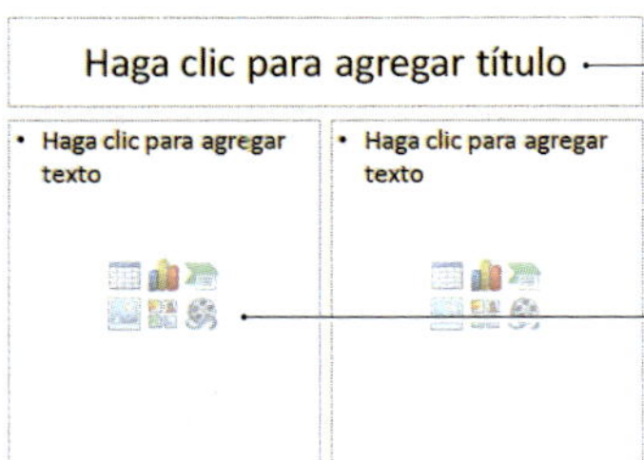

Pinchando sobre la zona, introducimos el texto correspondiente al título.

Pinchando sobre los distintos iconos podremos añadir: una tabla, un gráfico, un diagrama, una imagen o un vídeo.

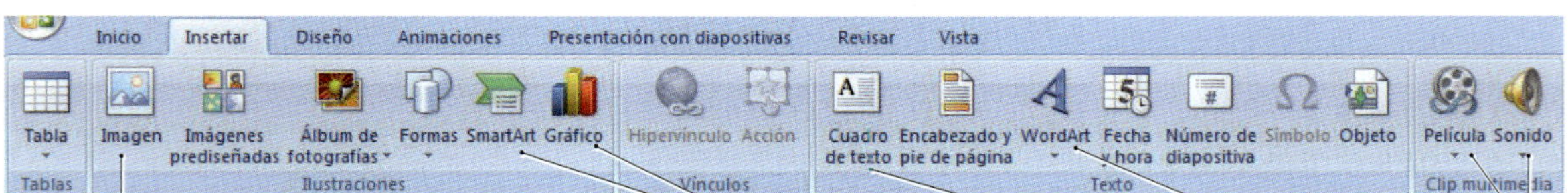

Incluir imágenes guardadas en el equipo.

Añadir figuras geométricas, líneas, flechas y otras formas.

Añadir diagramas y gráficos.

Insertar texto.

Añadir un rótulo.

Insertar vídeos y sonido.

Añadir texto

Para incluir texto en cualquier diapositiva pinchamos en el botón **Cuadro de texto** y, a continuación, hacemos clic en la zona de la diapositiva en la que deseamos escribir. Desde la pestaña **Inicio** tendremos acceso a las distintas opciones de edición.

Realización de viñetas y numeraciones.

Sangrías y separación entre líneas.

Tipo y tamaño de letra.

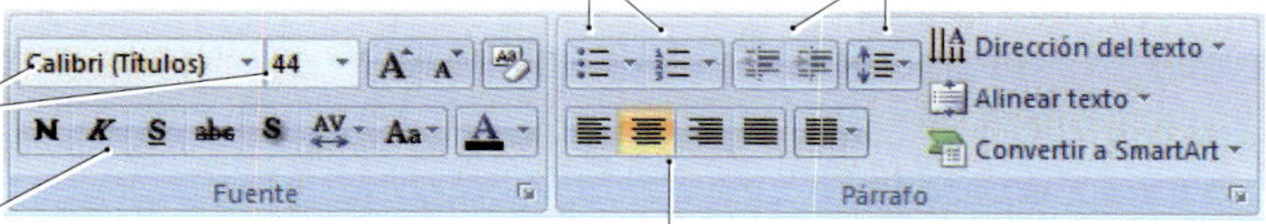

Aspecto de letra: negrita, cursiva, subrayado, tachado, sombra, espacio entre letras, etc.

Alineación del párrafo: a la derecha, centrada, a la izquierda o completa.

Añadir un rótulo

Para insertar un rótulo en la diapositiva hacemos clic sobre el botón **WordArt**, elegimos uno de los modelos y, a continuación, introducimos el texto en el cuadro que aparece sobre la diapositiva.

Insertar un diagrama

El botón **SmartArt** permite incorporar diagramas para mostrar relaciones entre los elementos. Primero elegimos un modelo y, a continuación, desde la pestaña **Diseño**, modificamos el diagrama.

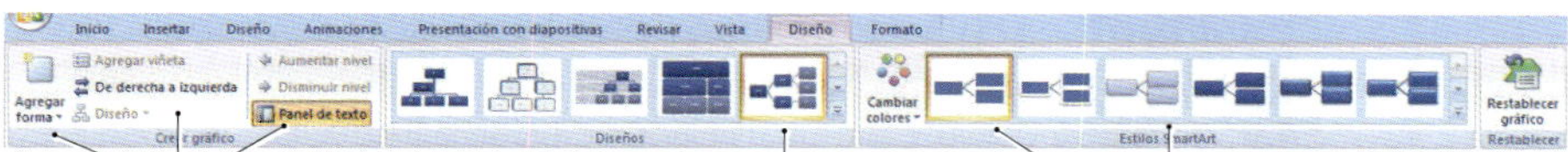

Añadir nuevos elementos al diagrama o colocar los que existen.

Cambiar modelo de diagrama.

Cambiar estilos y colores.

Insertar una imagen

Con el botón **Imagen** podremos incorporar a la diapositiva cualquier imagen que tengamos almacenada en nuestro ordenador. Desde la pestaña **Formato** es posible mejorar su aspecto fácilmente.

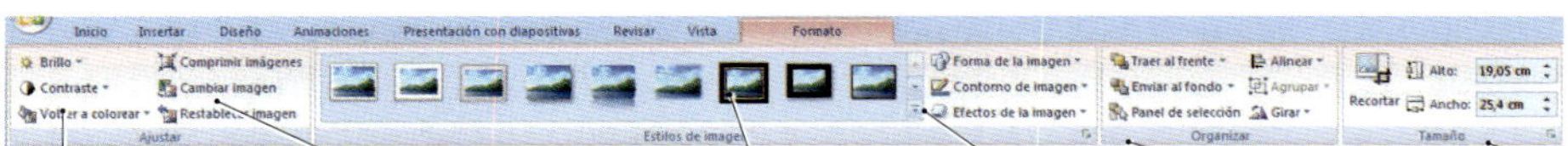

Corregir brillo, contraste y nitidez.

Modificar color y añadir efectos artísticos.

Incorporar un marco a la imagen.

Añadir efectos tipo sombra, reflexión o 3D.

Colocar los objetos unos detrás de otros.

Recorte de la imagen y ajuste de tamaño.

Insertar un gráfico para representar valores numéricos

Pulsando en el botón **Gráfico** aparece una ventana con modelos de gráficos. Seleccionamos uno y aparecen valores, sobre los que nosotros introducimos los que queremos representar.

Revisión ortográfica

Sobre el texto podemos realizar una revisión ortográfica pinchando en la pestaña **Revisar.**

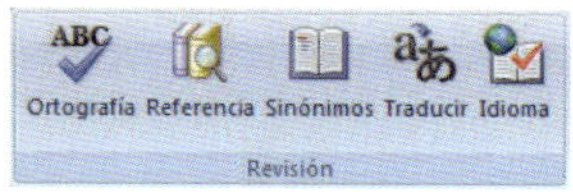

Ejemplo de rótulo.

Ejemplo de rótulo.

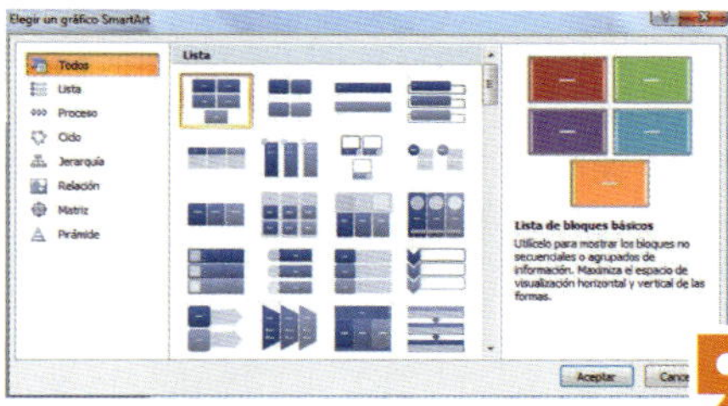

Ejemplo de rótulo.

Imágenes prediseñadas

Para insertarlas hacemos clic en el botón **Imágenes prediseñadas** y aparecerá una ventana con un cuadro de búsqueda.

Modificar los elementos de las diapositivas

Una vez que se hayan añadido los distintos objetos en las diapositivas, podemos modificarlos seleccionando las herramientas que aparecen en la nueva cinta de opciones **Herramientas de dibujo.**

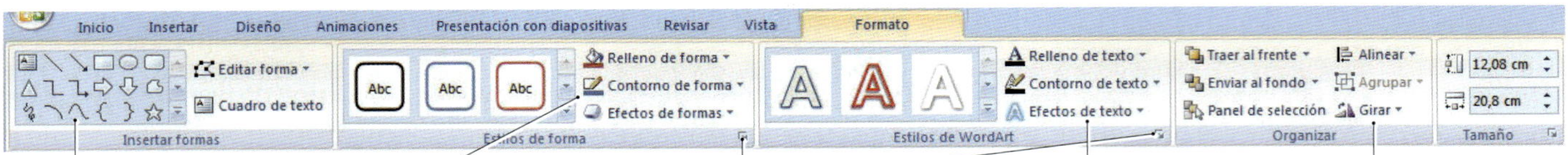

Añadir nuevas formas.

Modificar el estilo de las formas añadidas: colores, grosores, etc.

Pulsando sobre las flechas, desplegamos las ventanas de formato de forma y texto, mediante las que podremos ajustar cualquier valor.

Modificar textos: colores, grosores, etc.

Colocación de los objetos: enviar unos objetos detrás de otros y alineación.

Para modificar la posición y el tamaño de los distintos objetos de la diapositiva, podemos actuar sobre los puntos que los enmarcan cuando estos son seleccionados:

Eliminar objetos de una diapositiva

Seleccionamos el objeto con el ratón, hacemos clic sobre una de las líneas que forman el marco del objeto y pulsamos la tecla **Supr.**

El punto de color verde permite **girar** la imagen.

Los puntos amarillos permiten **modificar la forma** de la imagen al ser arrastrados con el ratón.

Los puntos blancos de las esquinas **modifican el ancho y el largo de la imagen a la vez.** Si al mismo tiempo que arrastramos el ratón pulsamos la tecla mayúsculas, la imagen mantiene sus proporciones.

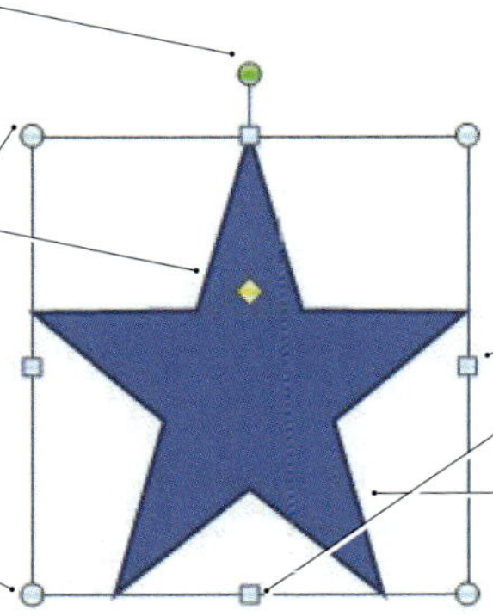

Los puntos blancos situados en el centro de los lados permiten, al arrastrar con el ratón, **alargar o encoger** la imagen.

Cuando pulsamos con el ratón en cualquier parte de la imagen podemos **desplazar la imagen** arrastrando con el ratón.

Añadir acciones e hipervínculos a los objetos

En la pestaña **Insertar** tenemos los botones de **Vínculos.** Seleccionamos un objeto y, haciendo clic en el botón **Acción**, podemos configurar la acción.

Si ahora hacemos clic en el botón **Hipervínculo**, podremos insertar una página web de Internet.

Cada pestaña permite elegir que se realice:
1. Con un clic de ratón.
2. Al situar el ratón sobre el objeto.

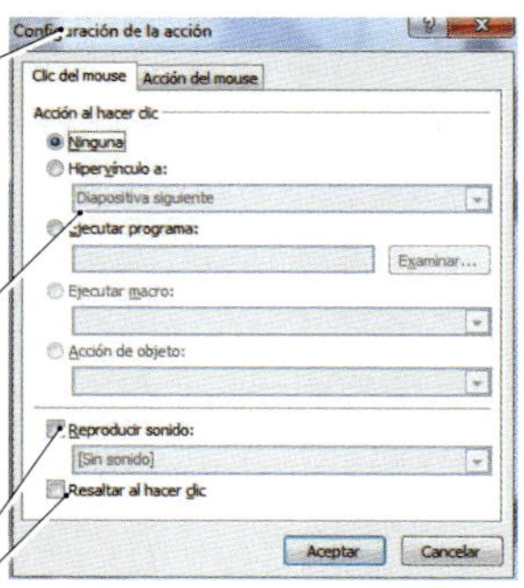

Indicamos la diapositiva a la que queremos saltar.

Si queremos reproducir un sonido o resaltar el objeto, marcamos las casillas.

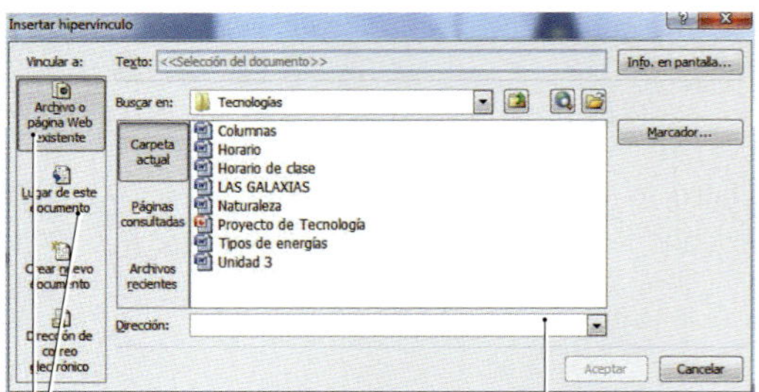

En los hipervínculos seleccionamos el enlace que deseamos con una página web o con otra diapositiva.

Añadimos la dirección web completa de la página a la que queremos acceder.

Animar los objetos

Podemos hacer que los objetos se muevan, giren, produzcan destellos a la vez que se oye un sonido, etc.

Para incluir un efecto sobre un objeto accedemos a la pestaña **Animaciones** y desde la cinta de opciones, elegimos primero el modelo de animación.

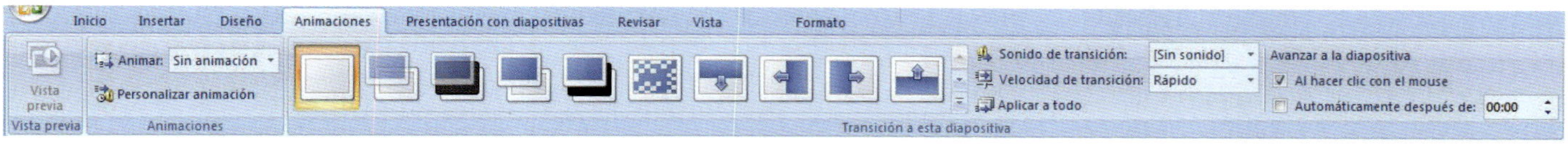

Después, pulsando en el botón **Personalizar animación** y seleccionando nuestro objeto, podremos agregar un efecto y ajustar determinadas propiedades: añadir sonidos, definir el tiempo de duración del efecto, etc.

1. Elegimos que el efecto sea cuando el objeto aparezca en la diapositiva, cuando salga o mientras se muestre la diapositiva.

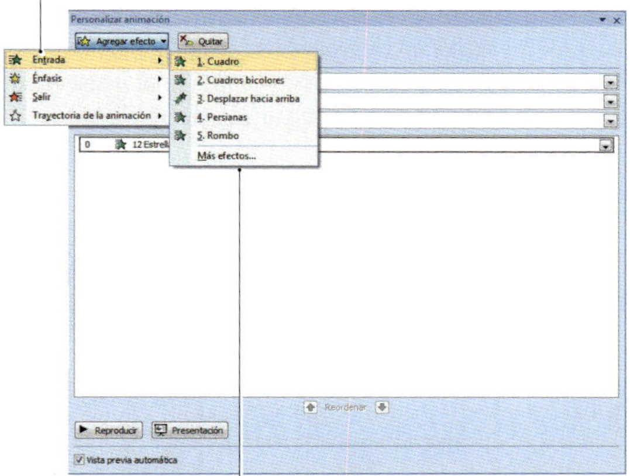

2. Seleccionamos el efecto de entre los que se muestran o elegimos **Más efectos**.

3. Rellenando estos campos ajustamos el inicio, la dirección y la velocidad del efecto.

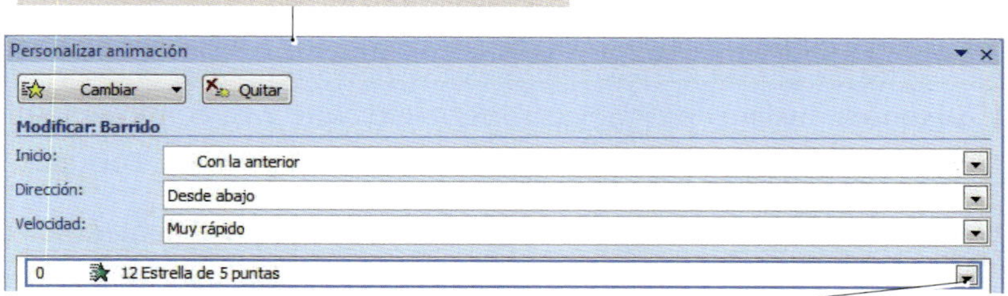

Desde la flecha accedemos al menú **Opciones de efectos**, que nos permite añadir sonidos, desde la pestaña **Efecto**, y ajustar la velocidad o forma de la animación, desde las pestañas **Intervalos** y **Animación de textos**.

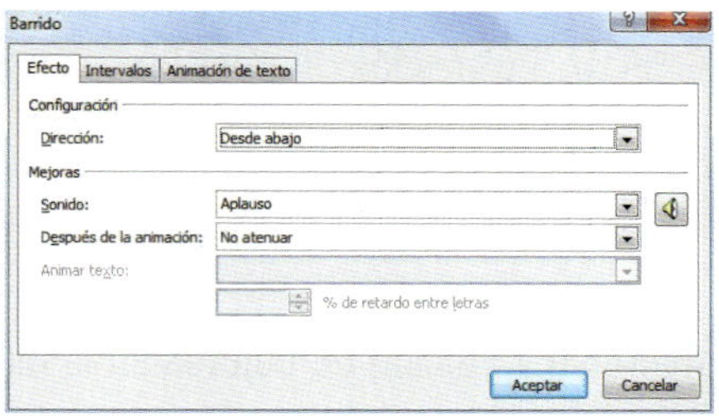

Añadir efectos de transición entre diapositivas

También podemos incorporar movimientos y sonidos en el paso de una diapositiva a otra. Estos efectos se añaden y editan desde **Transición a esta diapositiva,** de la cinta de opciones.

Añadir un efecto sonoro en la transición entre diapositivas.

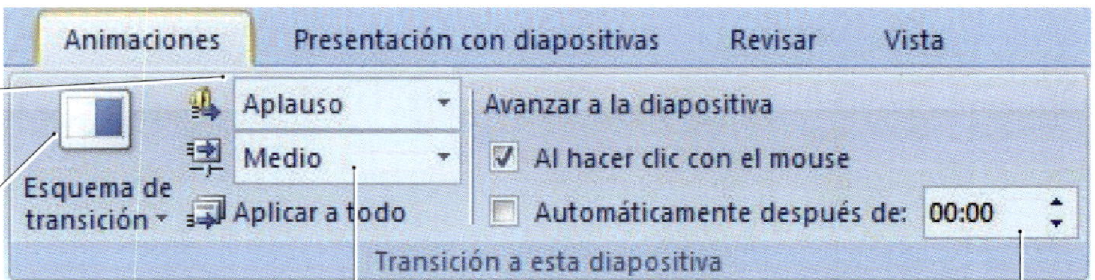

Seleccionar el tipo de movimiento que hará la diapositiva cuando se visualice.

Velocidad de paso entre diapositivas.

Ajustar el tiempo y el modo de pasar de una diapositiva a otra.

04.2 Creación de presentaciones en Impress

Al iniciar la aplicación, aparece un asistente que permitirá ajustar desde el inicio ciertas características de nuestra presentación, aunque podemos evitar estos pasos pulsando directamente en el botón **Crear** de la primera ventana.

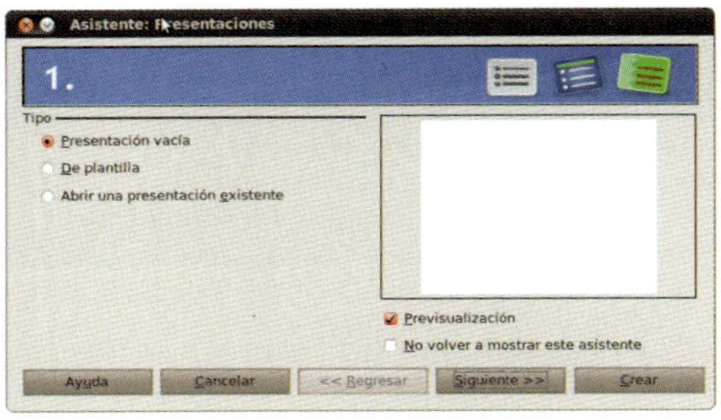

Elegimos si deseamos empezar la presentación vacía, a partir de una plantilla, o abrir una presentación existente.

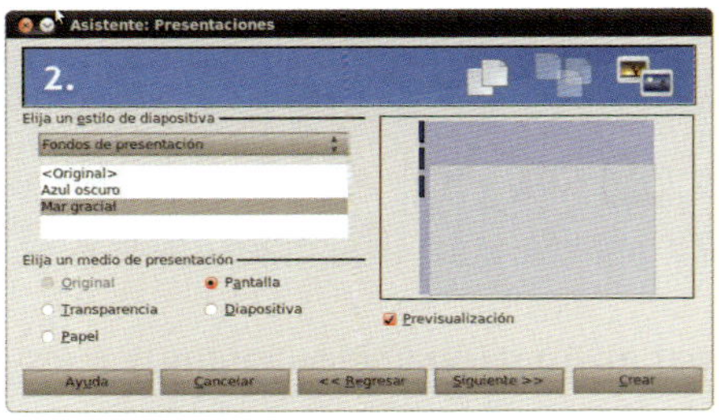

Podemos elegir el estilo de las diapositivas de la presentación, como los colores de fondo y otros elementos gráficos.

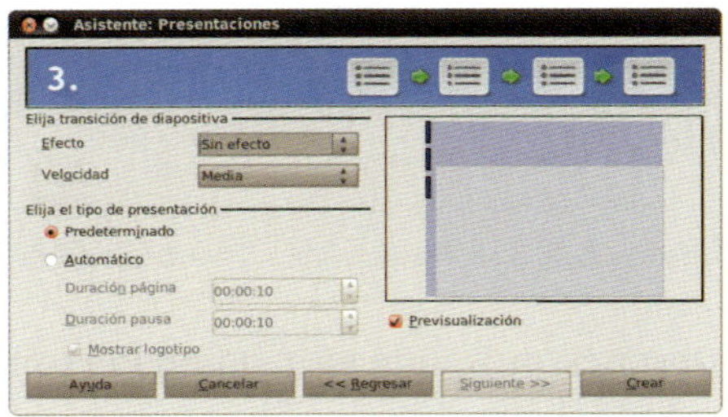

Elegimos la transición entre las diapositivas, cómo se pasará de una a otra. Para empezar a trabajar hay que pulsar Crear.

Asistente

En las aplicaciones informáticas, se llama **asistente** a la explicación guiada que nos permite realizar, paso a paso, un proceso.

El primer paso consistirá en crear las diapositivas y establecer para cada una su diseño y estilo:

1. **Diseño:** consiste en establecer los objetos que va a contener la diapositiva. Se establece a partir de la pestaña **Diseños** del panel de **Tareas.**
2. **Estilo:** hace referencia a los colores de fondo y otros elementos gráficos. Se establece a partir de la pestaña **Páginas maestras** del panel de **Tareas.**

   El estilo elegido lo podremos aplicar a la diapositiva seleccionada o, por defecto, a todas las diapositivas.

Podemos realizar las diapositivas con nuestro propio estilo, eligiendo una en blanco y aplicando colores de fondo desde **Formato/Página/Fondo.**

Recuerda

Cuando no tengas a la vista alguna barra de herramientas o algún panel, podrás seleccionarlos desde el menú **Ver/Barra de tareas.**

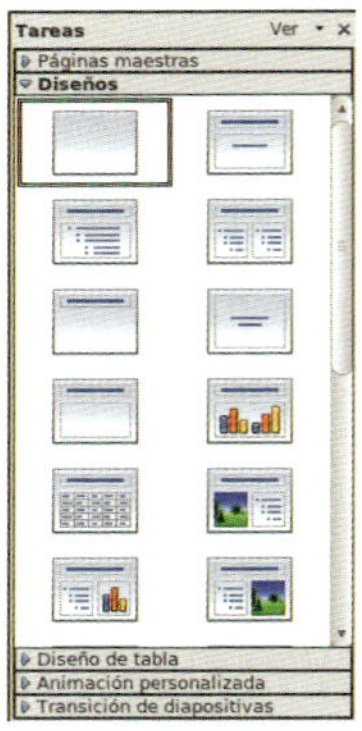

1. Elección del diseño.

2. Elección del estilo.

Inserción y edición de objetos en la diapositiva

Desde el menú **Insertar,** podemos incluir objetos en una diapositiva. Los más habituales aparecen en la barra de herramientas **Dibujo,** en la parte inferior de la ventana de trabajo.

Trazado de líneas, rectángulos y elipses.

Trazado de formas: polígonos, estrellas, formas variadas, etc.

Insertar imágenes

Ordenación de objetos.

Flecha para seleccionar un objeto.

Inserción de texto.

Añadir rótulos.

Insertar objetos desde la galería.

Configuración 3D.

Para modificar los objetos, los seleccionamos con la **Flecha.** Según sea el elemento seleccionado, aparecerá una barra de herramientas que permitirá ajustar sus características.

Menú Insertar

El menú **Insertar** incluye todos los posibles objetos que podemos añadir a las diapositivas.

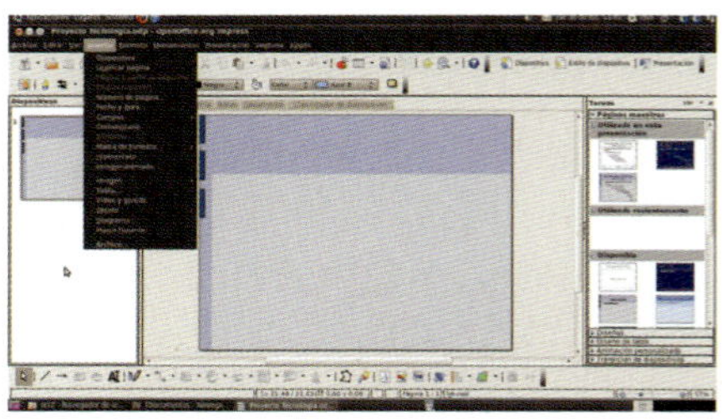

Añadir textos: Seleccionamos el botón **Texto** y hacemos clic con el ratón sobre la parte de la pantalla donde deseamos escribirlo. Aparecerá la barra de **Formato de texto:**

Ajuste de tipo y tamaño de letra.

Estilos de letra: negrita, cursiva, etc.

Alineación del texto.

Ajuste de viñetas.

Tamaño y color de letra.

Añadir imágenes: Desde el botón **A partir de archivo** de la barra de dibujo podemos añadir imágenes y modificarlas con los botones de la barra de herramientas que aparece. También es posible hacerlo desde el menú **Insertar/Imagen/A partir de archivo.**

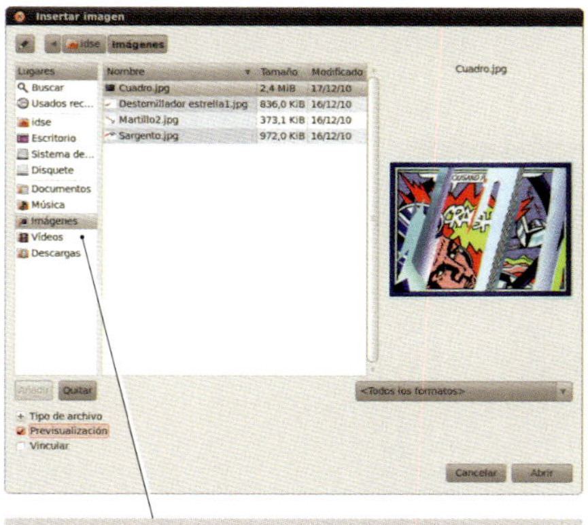

1. Buscamos la imagen entre los archivos del equipo y pulsamos en el botón Abrir.

Añadir efectos artísticos.

Pasar a blanco y negro.

Ajuste de color.

Añadir borde a la imagen.

Recortar la imagen.

2. Modificamos la imágenes con los botones de la barra de herramientas.

Nivel de transparencia.

Color de fondo y sombra.

Incorporar rótulos: Pulsamos en el botón **Galería de Fontwork** de la barra de dibujo:

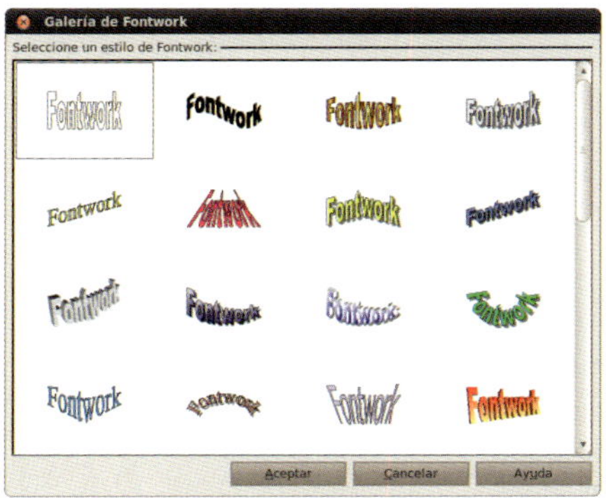

1. Elegimos entre los distintos modelos de rótulo y hacemos clic en Aceptar.

2. Cambiamos el texto haciendo doble clic sobre el que aparece y escribiendo en su interior.

Estilo del rótulo.

Alineación del texto.

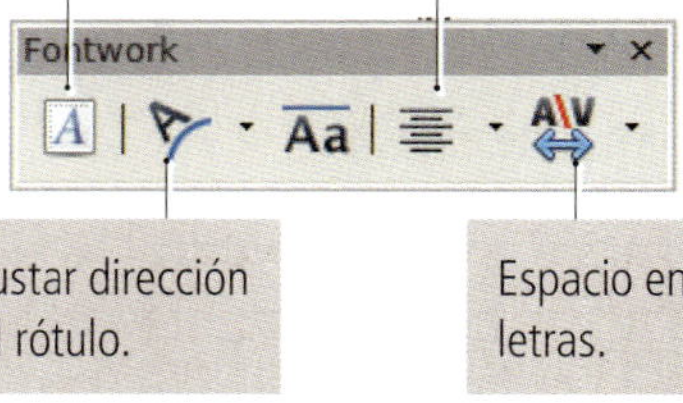

Ajustar dirección del rótulo.

Espacio entre letras.

3. Podemos modificar la forma del rótulo desde las herramientas que aparecen.

Añadir formas geométricas, figuras y gráficos: Desde los botones de la barra de dibujo podemos incorporar figuras geométricas y otras formas. Al pulsar sobre el botón **Galería** aparece una ventana que nos permite seleccionar fondos, sonidos, viñetas, etc., y los arrastramos con el ratón hasta la diapositiva. Desde el menú **Insertar/Diagrama** accedemos a la ventana de edición de gráficos.

Modificar los objetos

Podemos modificar la posición y el tamaño de los objetos utilizando los puntos selectores que rodean el objeto cuando es seleccionado. Además, podremos cambiar los colores de los bordes o del fondo con la barra de herramientas **Líneas y relleno.**

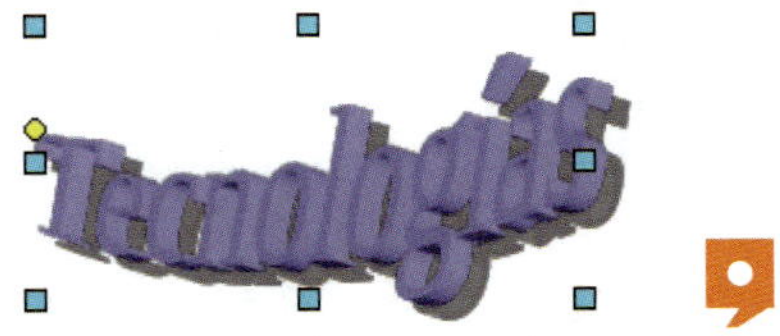

Los puntos selectores azules permiten cambiar el tamaño, y los puntos amarillos, girar y curvar el objeto.

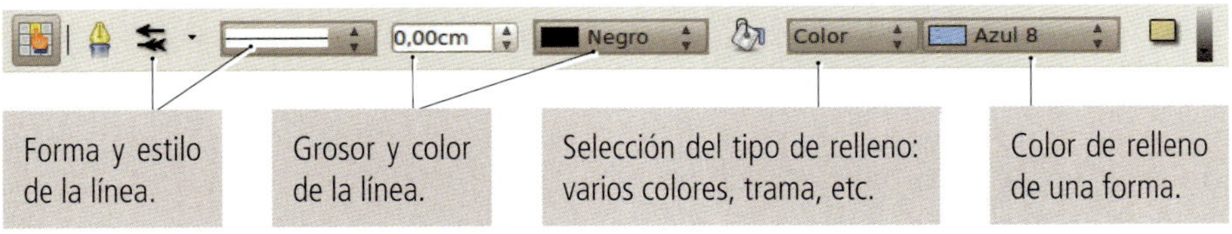

www.slideshare.net

Desde esta página podrás compartir tus presentaciones o descargar las realizadas por otras personas.

También podemos convertir las formas en objetos tridimensionales utilizando el botón **Extrusión** de la barra de dibujo, o desde el menú **Ver/Barra de herramientas/Configuración 3D.** Ajustaremos sus características con la barra de herramientas **Configuración 3D** que aparece.

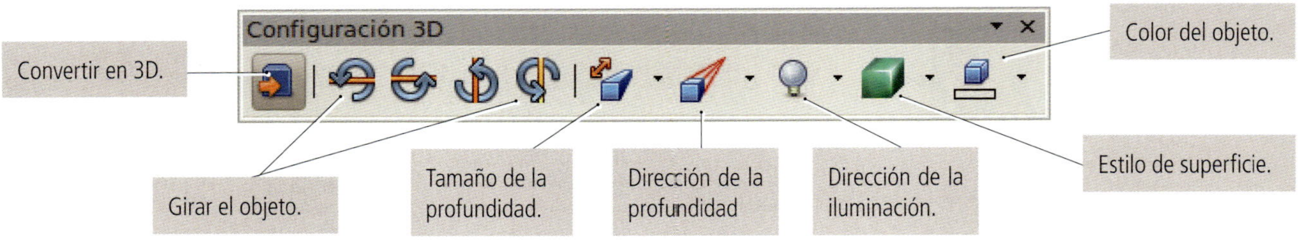

Insertar hiperenlaces e interacciones

Mediante los hiperenlaces, podemos acceder a una página web o a un documento haciendo clic sobre un objeto de la diapositiva.

Para añadir un hiperenlace seleccionamos el objeto y pulsamos el botón **Hiperenlace** de la barra de herramientas, o desde el menú **Insertar/Hiperenlace.**

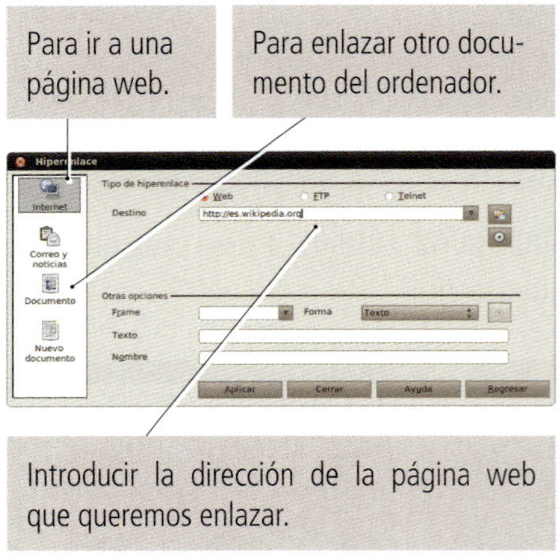

Animación de objetos y diapositivas

A cada objeto de la diapositiva se le pueden agregar movimientos y sonidos. Tras seleccionar el objeto, desplegamos la pestaña **Animación personalizada** del panel de tareas.

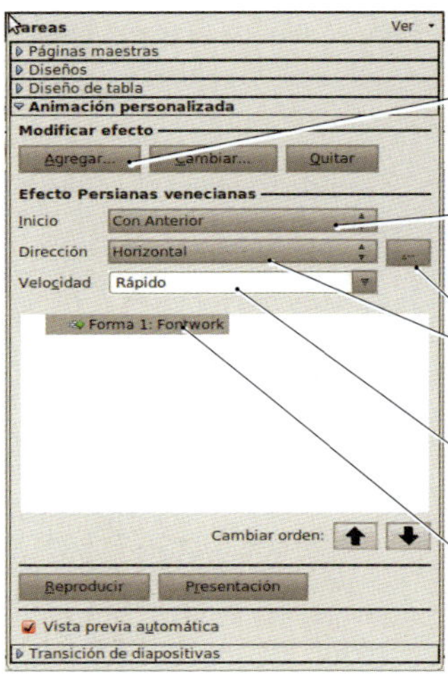

1. Pulsamos sobre el botón **Agregar** para cada efecto que queramos añadir al objeto. Seleccionamos uno de entre todas las opciones.
2. Elegimos cuándo queremos que tenga lugar el efecto: si al hacer clic con el ratón, después de que haya terminado el efecto anterior o al mismo tiempo que el efecto anterior.
3. Ajustamos otras propiedades que dependen de la animación elegida. Siempre podremos añadirle sonido al mismo tiempo que el efecto visual.
4. Ajustamos la velocidad a la que tiene lugar el efecto.
5. Podemos cambiar el orden de aparición de los efectos y la reproducción.

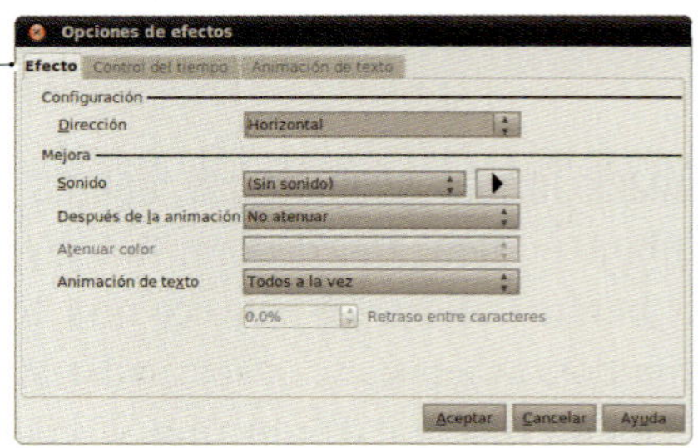

05 La hoja de cálculo

Las hojas de cálculo son aplicaciones informáticas que nos permiten trabajar con datos (numéricos o texto) y realizar operaciones matemáticas con ellos. Las más conocidas son Excel, de Microsoft Office, y Calc, de OpenOffice.

05.1 Componentes de una hoja de cálculo

Al abrir una hoja de cálculo se nos presenta una ventana cuya zona de trabajo tiene forma de rejilla, similar a lo que sería una tabla. En ella podemos distinguir los siguientes elementos:

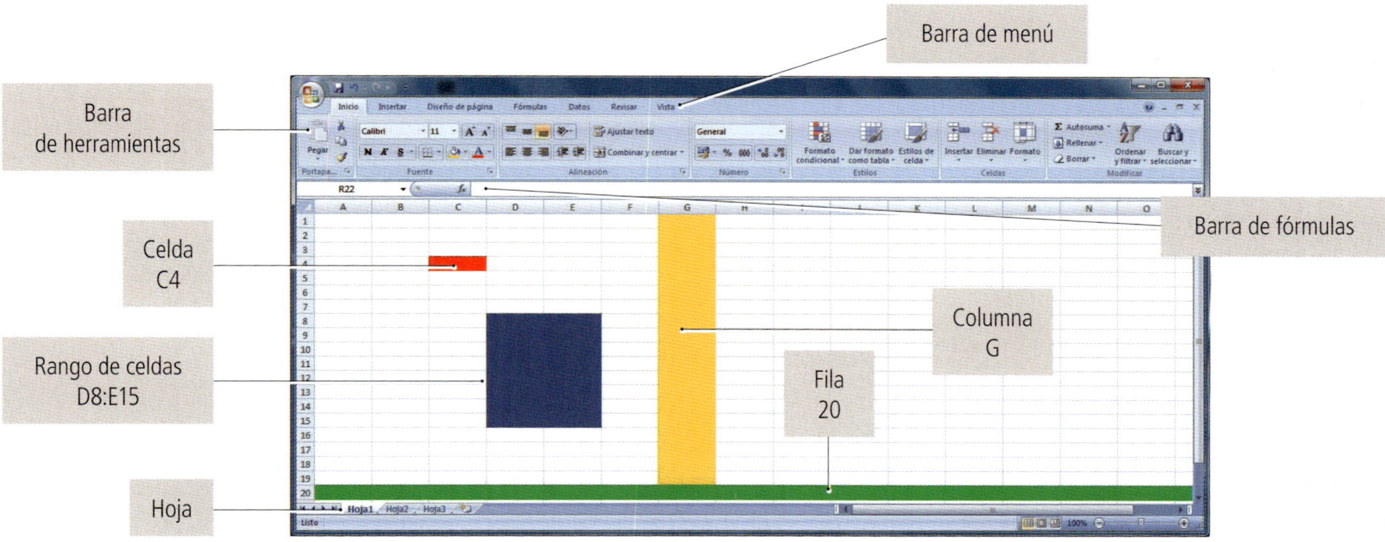

- **Fila.** Líneas horizontales de la rejilla que se identifican por un número situado a su izquierda: 1, 2, 3...
- **Columna.** Líneas verticales que se identifican por letras que aparecen en la parte superior: A, B, C...
- **Celda.** Cada uno de los cuadros formados por la intersección de una fila con una columna. Cada celda se nombra con la letra de la columna seguida del número de la fila en la que se encuentra.

  Para desplazarse por las diferentes celdas se pueden utilizar las teclas Inicio, Fin, repág, avpág, Ctrl + Inicio, Ctrl + Fin, Ctrl + →, Ctrl + ←, etc. También se puede seleccionar la celda que se desee haciendo clic con el ratón sobre dicha celda.

- **Rango de celdas.** Conjunto de celdas que están juntas. Se nombran separando con dos puntos (:) los nombres de las celdas que forman sus esquinas, por ejemplo, D8:E15. Para seleccionar un rango basta con arrastrar el ratón desde la esquina inferior derecha de la celda inicial hasta la final.
- **Libro.** Cada uno de los documentos de trabajo. Un libro puede contener una o varias hojas de cálculo. Inicialmente nos aparecen tres: **Hoja1, Hoja2, Hoja3**, como se observa en las pestañas de la parte inferior izquierda de la ventana.

Extensiones

Los documentos de hojas de cálculo tienen como extensiones .xlsx para Microsoft Excel y .ods para Calc.

05.2 La hoja de cálculo Excel

Excel es una de las hojas de cálculo más utilizadas tanto a nivel doméstico como profesional.

> **Celda activa**
>
> Es la celda que está seleccionada. Se distingue del resto porque su borde es más grueso.

Incorporar datos en una celda

Dentro de cada celda se pueden introducir textos, números, fórmulas matemáticas... Para ello seleccionamos una celda con el ratón, la celda activa; a continuación, tecleamos el texto o número y finalmente pulsamos la tecla **Intro.**

Cuadro de nombres. Permite ver cuál es la celda activa en cada momento o introducir el nombre de la que se quiere activar.

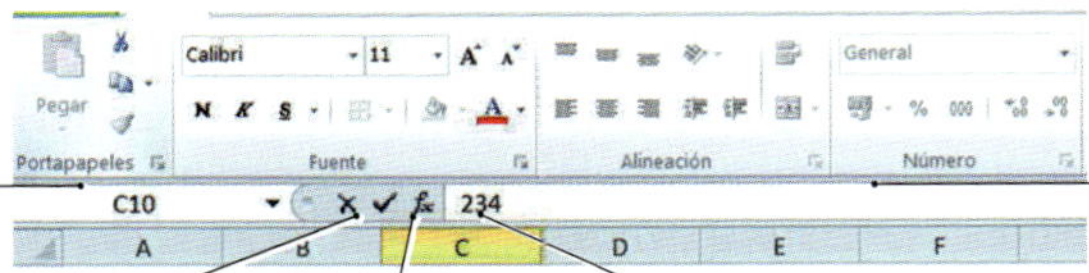

Barra de fórmulas. Aquí se introduce el contenido de la celda. Se finaliza pulsando la tecla **Intro** o el botón **Aceptar.**

Botón Cancelar

Botón Aceptar

Botón Fórmula

> **Combinar celdas**
>
> La opción **Combinar celdas** permite juntar varias celdas colindantes en una sola. De esa manera se pueden introducir textos largos que no cabrían en una sola celda.

Introducir texto

Para realizar ajustes en el texto que introduzcamos en una celda emplearemos los siguientes botones de la barra de herramientas:

Alineación vertical del texto: superior, centrada o inferior.

Tamaño y tipo de letra

Aspecto de letra: negrita, cursiva y subrayado.

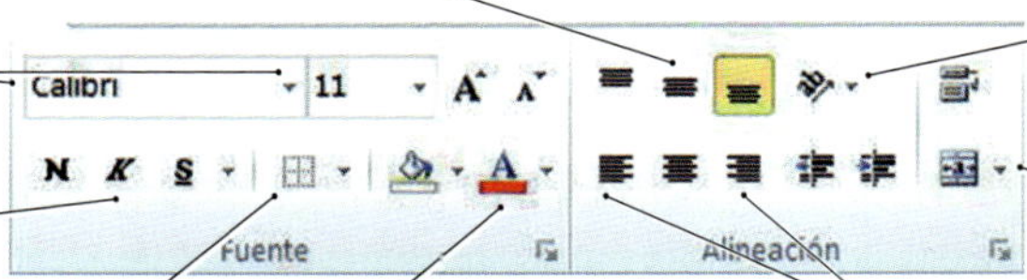

Orientación del texto

Combinar celdas y centrar su contenido.

Bordes

Colores

Alineación horizontal del texto: izquierda, centrada o derecha.

Para ajustar otro tipo de opciones, desplegamos las ventanas correspondientes pinchando sobre la esquina inferior derecha.

Alineación horizontal. Permite alinear a la derecha o izquierda el contenido de la celda.

Alineación vertical. Alinea el contenido de la celda en la parte de arriba, en el centro o abajo.

Ajustar texto. Permite escribir varias líneas de texto en una celda.

Orientación. Permite seleccionar la orientación (inclinación) que tendrá el texto en la celda.

Tipo de letra

Efectos: ~~tachado~~, sub$_{\text{índice}}$, super^{índice}

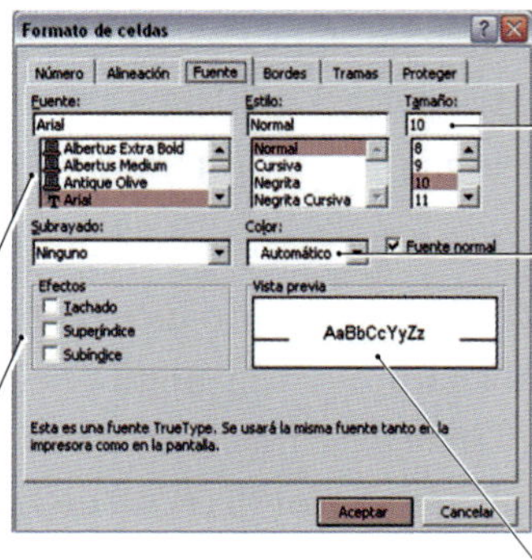

Tamaño del texto

Color del texto

Vista previa. Permite ver cómo va a quedar el texto.

Introducir números

Para trabajar con números hay que tener en cuenta las siguientes reglas:

- No se introducen separadores de millares (es incorrecto «2.450.000», hay que escribir «2450000»). Para que aparezca con puntos, hay que ir a **Formato de celda/Número, categoría Número** y marcar **Usar separador de miles (.).**
- Para escribir un porcentaje como, por ejemplo, 15%, hay que introducir 0,15 y luego, en **Formato/Celdas,** pulsar **Estilo porcentual.**
- Para escribir cantidades de dinero se introduce la cantidad sin el símbolo de la moneda y se pulsa euro (€).

Introducir fórmulas

La fórmula se escribe sobre la celda en la que se quiere que aparezca el resultado, la celda activa (haciendo doble clic), o en la barra de fórmulas.

Las fórmulas se introducen en las celdas empezando por el símbolo =, seguido de los valores numéricos, los operadores matemáticos y los nombres de las celdas con cuyos contenidos queremos operar; por último, se pulsan la tecla **Intro** o el botón **Introducir.**

Para escribir una fórmula con varios operadores, las operaciones se jerarquizan (primero la potenciación, después la multiplicación y división y, por último, la suma y la resta); si hay paréntesis, las operaciones contenidas entre los paréntesis más internos se realizan las primeras.

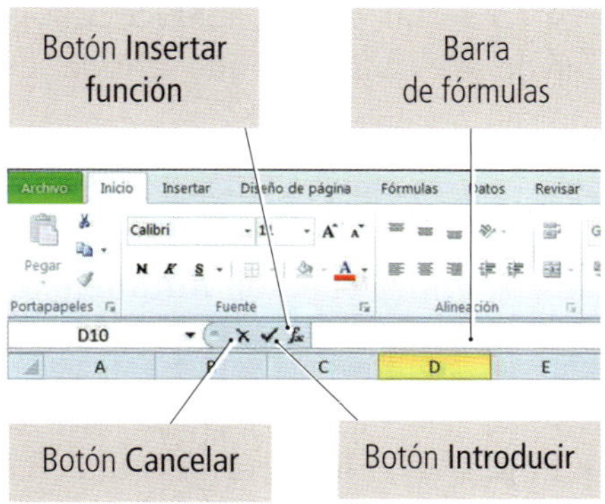

OPERADORES									
+	–	*	/	^	>	<	>=	<=	<>
Suma	Resta	Multiplicación	División	Potenciación	Mayor que	Menor que	Mayor o igual que	Menor o igual que	Distinto

Uso de funciones

Las funciones son expresiones que realizan determinados cálculos. Se accede a ellas a través de la barra de herramientas.

Para calcular la suma de los precios de las prendas de vestir, pinchamos con el ratón en la celda B5, para activarla; a continuación, hacemos clic en el botón **Autosuma** (Σ) y seleccionamos, arrastrando con el ratón, el rango de celdas B2:B4; por último, pulsamos la tecla **Intro** o hacemos clic en el botón **Introducir.**

Para calcular el promedio de las notas de los tres exámenes, activamos la celda D3 (aquella en la que va a aparecer la nota media) pinchando con el ratón; desplegamos el menú de las funciones (la flecha que aparece al lado de Σ) y seleccionamos la función **Promedio:** arrastrando con el ratón, seleccionamos las celdas que contienen las notas de los exámenes (A3:C3). Por último, pulsamos la tecla **Intro.**

USO DE PARÉNTESIS	
=A2+B2/2	El contenido de A2 se suma al resultado de la división de B2 entre 2.
=(A2+B2)/2	Se suma el contenido de A2 y B2 y el resultado se divide entre 2.

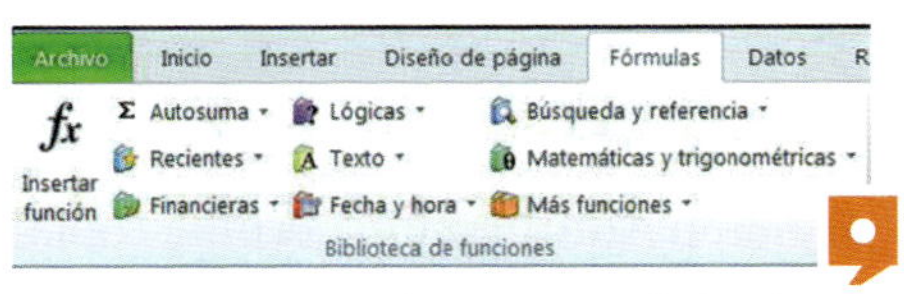

Se pueden agregar más funciones desde la pestaña **Fórmulas.**

Operaciones de edición

Eliminar filas o columnas

Para eliminar una fila o una columna, primero seleccionamos (pulsando sobre el número de la fila o la letra del nombre de la columna) y después elegimos el botón **Eliminar.** Con la tecla **Supr** se borra el contenido.

Insertar filas, columnas o celdas

Para insertar filas o columnas, con referencia a una celda activa, seleccionamos la opción **Insertar.**

Se abre una ventana en la que elegimos la opción que queremos: una fila, una columna o una celda (las filas se insertarán por encima y las columnas, a la izquierda de la celda activa).

Para insertar celdas, aparece una ventana como la de la figura, en la que se puede seleccionar en qué sentido se desplazan las celdas que ya existen.

Autollenado de celdas

Para llenar un conjunto de celdas con el mismo valor o con valores consecutivos, se utiliza el botón **Autollenado.** Este botón es un cuadradito negro que aparece en la esquina inferior derecha de la celda activa (cuando se coloca el cursor del ratón sobre él, este adquiere la forma +).

- **Copiar el valor de una celda en celdas adyacentes:** basta con seleccionar la celda que contiene el valor que se quiere copiar y arrastrar con el ratón desde el botón **Autollenado** a lo largo de las celdas donde se quiere copiar ese valor.
- **Rellenar varias celdas con valores de una serie:** se seleccionan dos celdas que tengan valores de la serie (texto, números o fechas) y se arrastran desde el botón **Autollenado a lo largo de otras celdas.** Las nuevas celdas se completarán con los valores siguientes a los dos anteriores seleccionados.

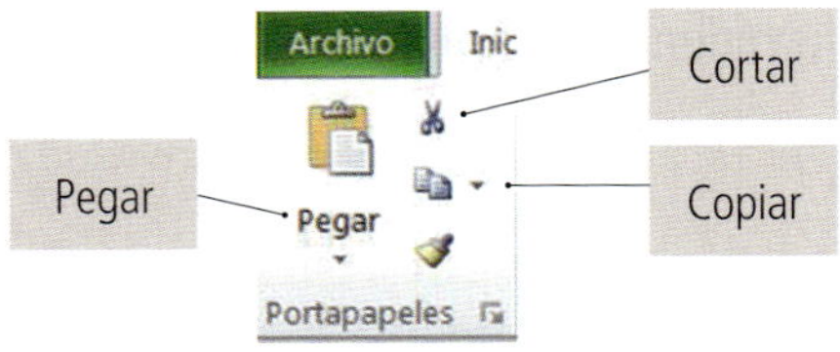

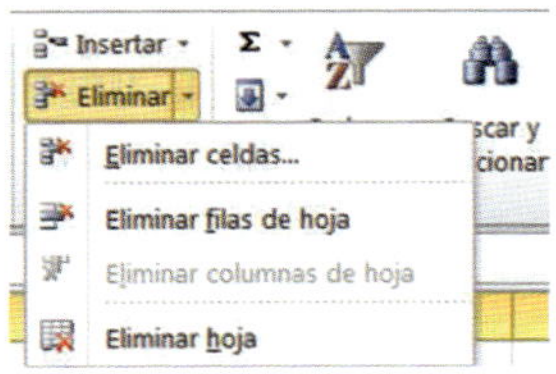

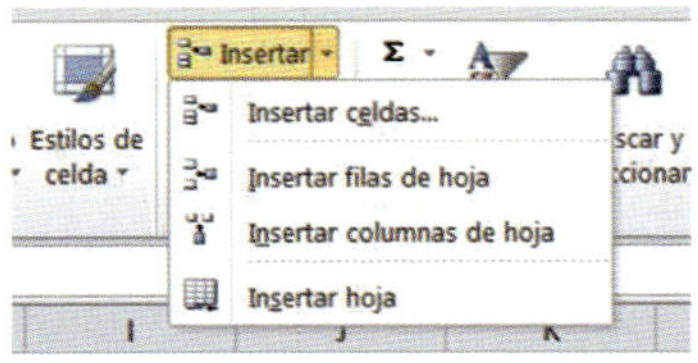

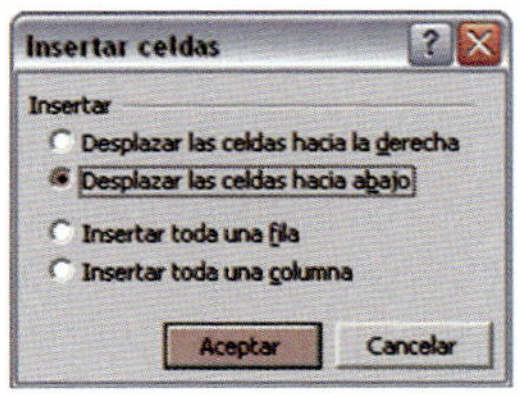

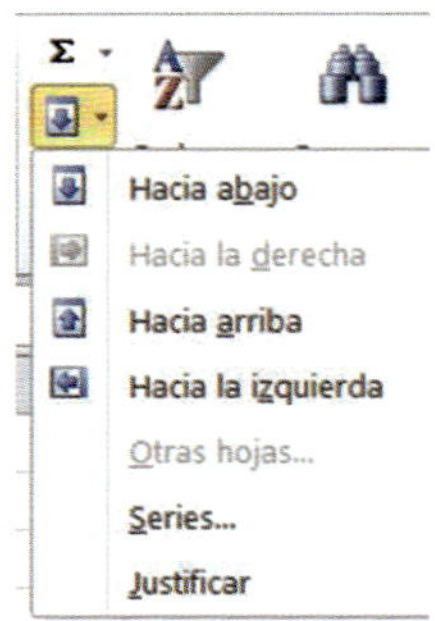

También se accede a las opciones de autollenado desde el botón **Rellenar.**

Autollenado con valores correlativos numéricos

Basta con rellenar las dos primeras celdas con los valores 1 y 3 para que Excel al copiar con el valor **Autollenado** continúe con los siguientes (5, 7, 9...)

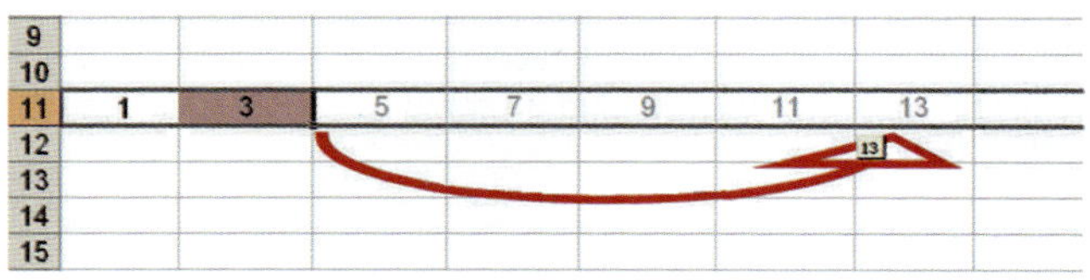

Autollenado con valores correlativos de texto

Se rellena la primera celda con el valor enero y se arrastra desde el botón **Autollenado.** Se completará el resto de las celdas con los valores siguientes (*febrero, marzo, abril...*).

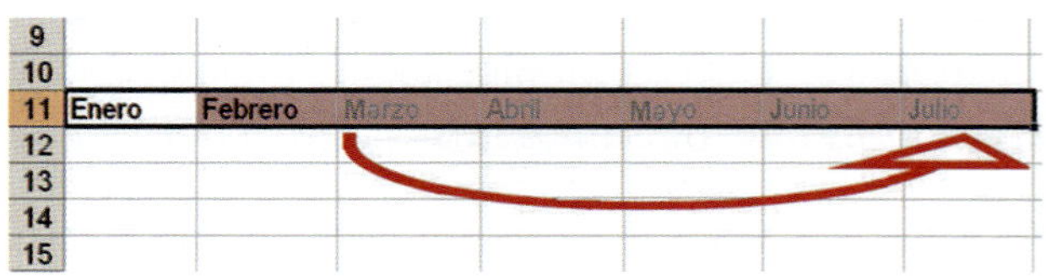

Copiar fórmulas

El botón **Autollenado** permite copiar las fórmulas de una celda a otra. Para ello, seleccionamos la celda que contiene dicha fórmula y arrastramos el botón **Autollenado** hasta abarcar todas las celdas en las que se quiere aplicar la fórmula.

Modificar la presentación

Para mejorar la presentación de la hoja de cálculo se pueden ajustar los tamaños de filas y columnas, aplicar los bordes y dar color a una celda.

Modificar el ancho de una columna

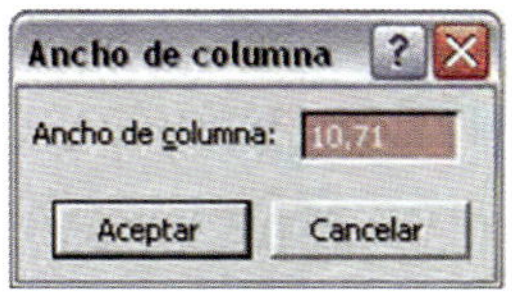

1. Activamos una de las celdas de dicha columna.
2. Desde el botón **Formato,** seleccionamos la opción **Ancho.**
3. Introducimos el valor que deseamos y pulsamos **Aceptar.**

Modificar la altura de una fila

1. Activamos una de las celdas de la fila que deseemos ajustar.
2. Desde el botón **Formato,** seleccionamos la opción **Alto.**
3. Introducimos el valor que deseemos y pulsamos **Aceptar.**

Establecer los bordes de una celda o de un grupo de celdas

Podemos añadirlos desde el botón **Bordes** o eligiendo la opción **Formato de celdas** del menú que se despliega en el botón **Formato.**

Botón Bordes.

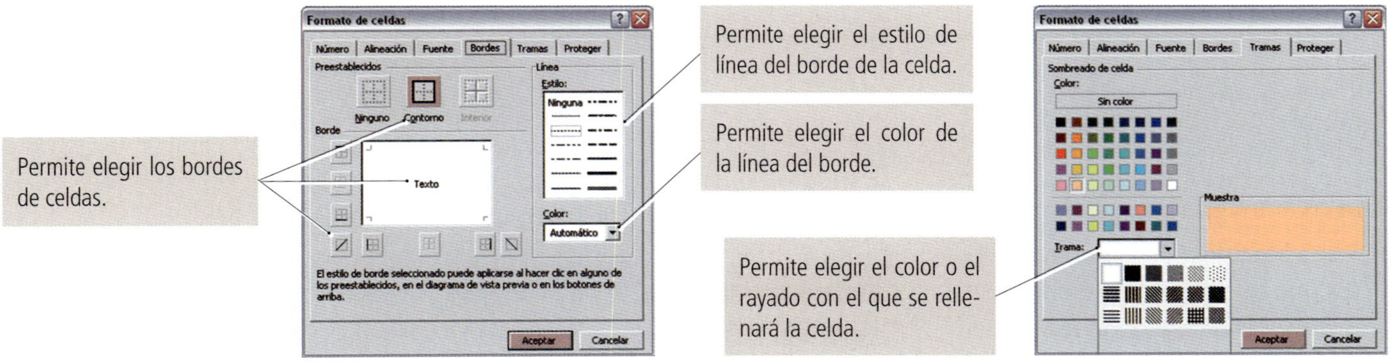

Autoformato de celdas

Desde el botón **Dar formato como tabla** se puede ajustar el aspecto final de la hoja de trabajo. Aparecen unos diseños, ya elaborados, entre los que podemos elegir el que queramos aplicar a la hoja.

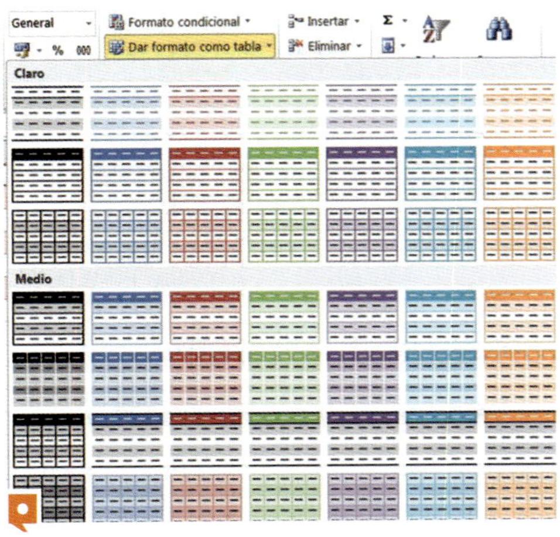

Diseños de tablas.

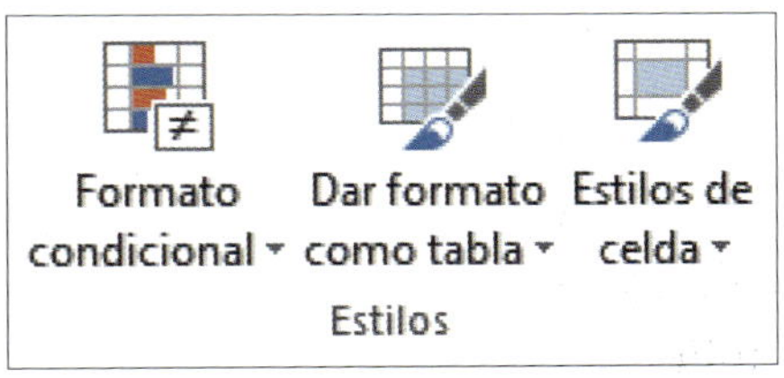

Creación de gráficos

Los gráficos permiten realizar un análisis visual rápido de los datos numéricos.

Excel permite crear muchos modelos de gráficos distintos a partir de los datos numéricos de la hoja de trabajo. A la lista de datos que se va a representar se le llama **serie** (números contenidos en una fila o en una columna). Un gráfico puede contener una o varias series.

> **Tipos de gráficos**
>
> Existen distintos modelos que permiten variar su aspecto: 3D, cónicos, cilíndricos, superpuestos, etc.

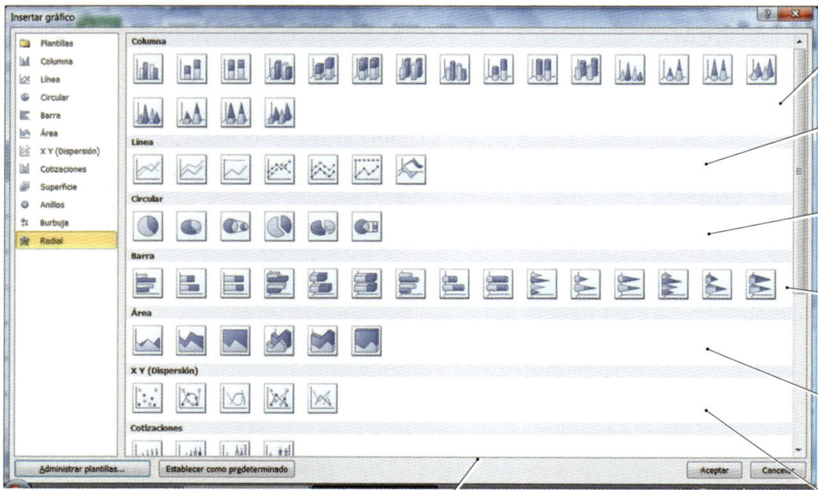

Columnas: dibuja una columna cuya altura es proporcional al valor del número.

Líneas: dibuja un punto a la altura de su valor y une los distintos puntos con una línea.

Circular: dibuja sectores circulares de área proporcionales al porcentaje del valor representado.

Barras: igual que las columnas pero con orientación horizontal.

Áreas: representa superficies proporcionales al valor del número.

Dispersión: representa parejas de valores (como en las representaciones gráficas matemáticas).

Otros tipos: radiales o en red, burbujas, anillos, etc.

Para crear un gráfico se realizan los siguientes pasos:

1. Seleccionamos con el ratón los datos que queremos representar. Se incluyen en la selección los títulos de texto iniciales de cada lista de datos.
2. Pinchamos en la pestaña **Insertar.**
3. Seleccionamos el tipo de gráficos deseado.

	A	B	C
1	VENTAS MENSUALES		
2			
3	MES	PRODUCTO1	PRODUCTO2
4	ENERO	100	40
5	FEBRERO	150	25
6	MARZO	240	41
7	ABRIL	95	52
8	MAYO	75	167
9	JUNIO	175	286

Selecciona el rango de datos marcado.

Desde la pestaña **Insertar** se selecciona el tipo de gráfico, por ejemplo, **Columna.**

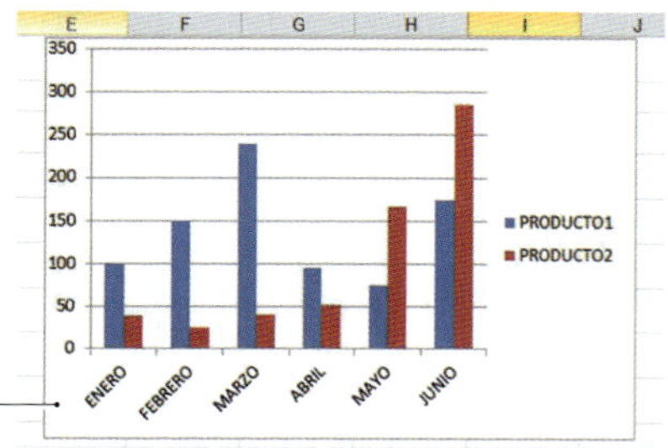

En el gráfico que aparece se puede ajustar cada uno de los elementos que lo componen. Los elementos de un gráfico son:

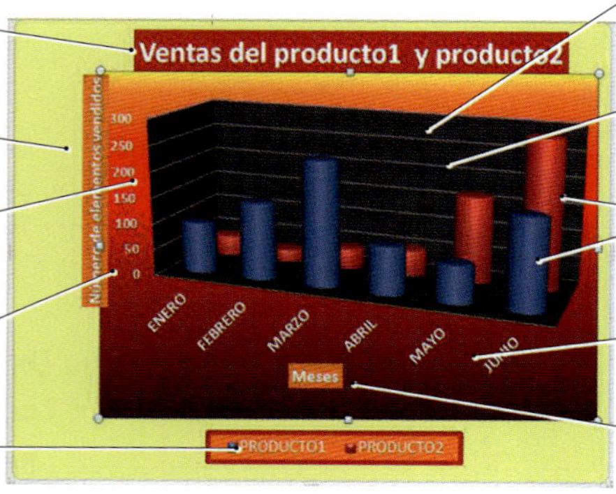

Título del gráfico

Área del gráfico

Eje vertical

Título del eje vertical

Leyenda

Área de trazado del gráfico

Líneas de cuadrícula horizontales

Puntos de datos (series de datos)

Eje horizontal

Título del eje horizontal

> **Grupo Gráficos**
>
> Se selecciona el tipo de gráfico que se desea o se pulsa en la esquina inferior derecha para desplegar todos los gráficos posibles.

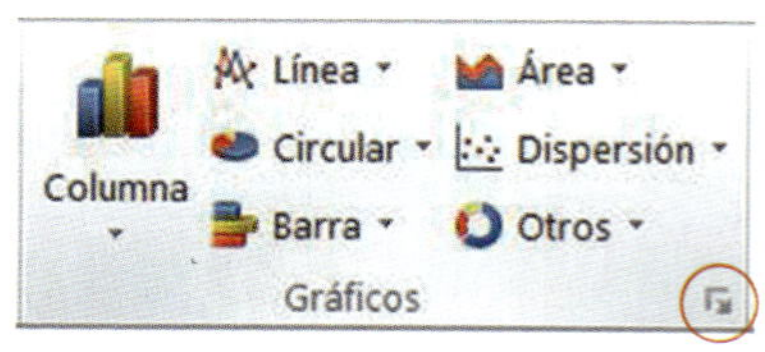

Modificar los componentes de un gráfico

Al seleccionar un gráfico con el ratón aparece la barra de herramientas **Gráficos** con tres pestañas: **Diseño, Presentación** y **Formato**, mediante las que se puede realizar cualquier ajuste de los distintos elementos gráficos.

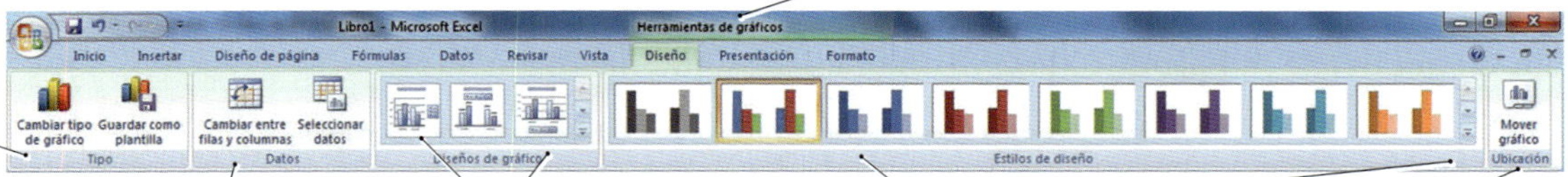

Para cambiar la posición de un gráfico en la hoja se selecciona y se arrastra con el ratón pinchando en una de las zonas vacías del área del gráfico.

Para determinar qué elementos del gráfico se deben mostrar y su posición, hay que seleccionar la pestaña **Presentación** de la barra de herramientas **Gráficos.**

Desde la pestaña **Formato** se pueden ajustar los colores de relleno, los de los bordes de los cuadros de texto de títulos, rótulos, ejes, etc.

Para acceder a todas las opciones de ajuste de cualquier elemento se hace doble clic sobre él con el ratón, se elige el elemento que se desea ajustar y se rellena con los valores deseados:

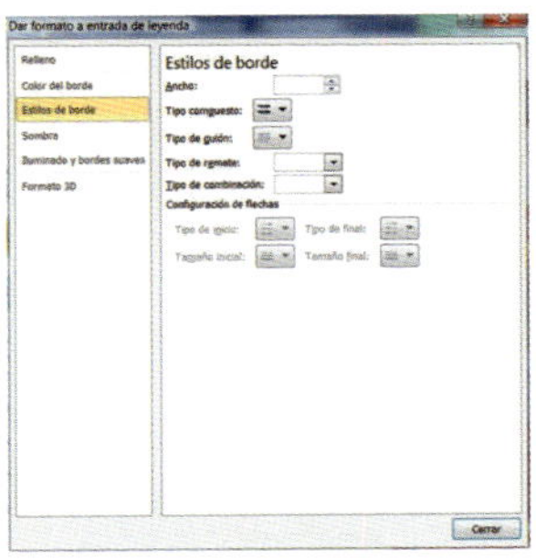

Doble clic sobre la leyenda.

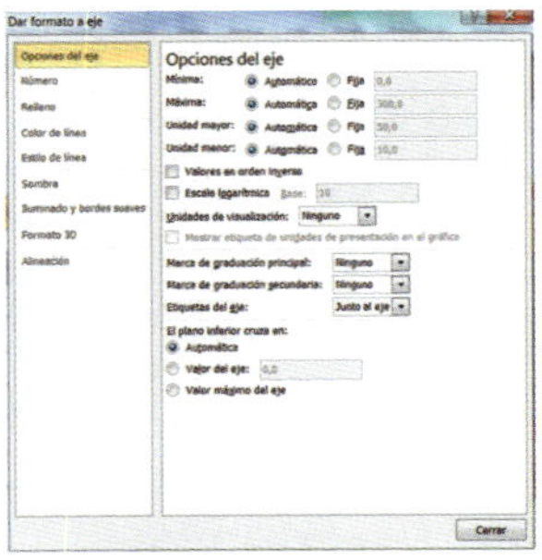

Doble clic sobre uno de los ejes.

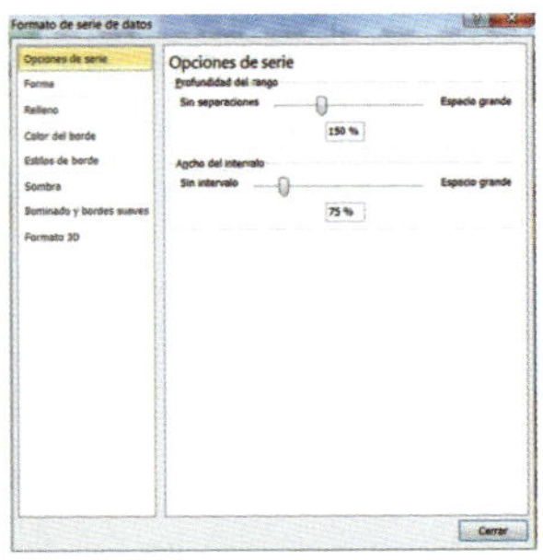

Doble clic sobre los datos.

Insertar otros objetos sobre el gráfico

Se pueden añadir al gráfico otros elementos, como formas geométricas o imágenes, desde la pestaña **Insertar** de la barra de herramientas o desde la pestaña **Presentación** de la barra de herramientas de gráficos.

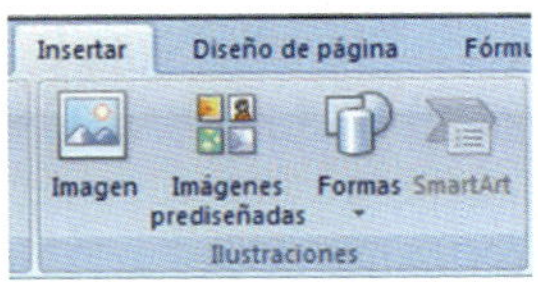

Pestaña **Insertar.**

05.3 La hoja de cálculo Calc

La hoja de cálculo Calc presenta muchas similitudes con la hoja de cálculo Excel.

Ventana de trabajo de Calc

En la ventana de trabajo de Calc se distinguen los siguientes elementos:

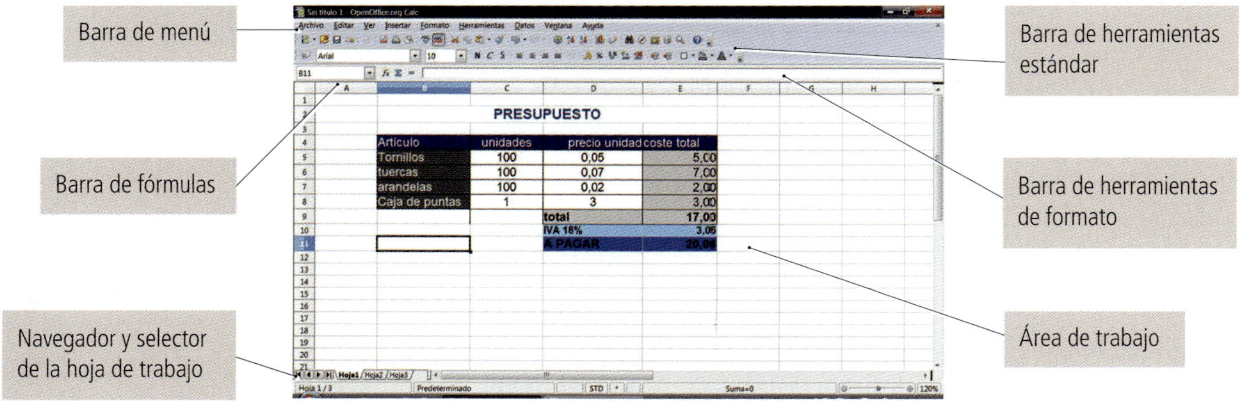

Operaciones habituales

Las operaciones más comunes son las siguientes:

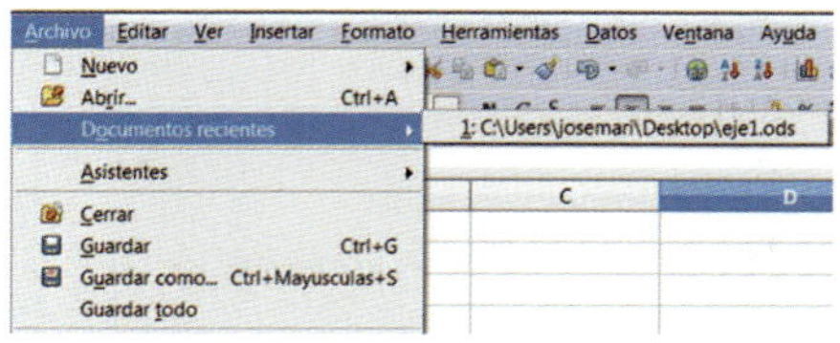

- **Abrir y guardar un documento.** Desde el menú **Archivo:**
  - Elegiremos la opción **Nuevo** cuando no se utilice ningún documento anterior.
  - Escogeremos la opción **Documentos recientes** cuando se vaya a modificar algún documento con el que se haya trabajado últimamente.
  - Elegiremos **Abrir** cuando queramos modificar un documento anterior.

  Se guarda el documento desde **Archivo/Guardar.** La opción **Guardar como** permite guardar una copia del documento con otro nombre.

- **Seleccionar información.** Al hacer clic sobre una celda, esta aparece remarcada por un borde negro, siendo así la celda activa, es decir, aquella sobre la que se va a realizar la siguiente acción.

  Una fila se selecciona pulsando sobre el número de su encabezado, y una columna, pulsando sobre la letra de su encabezado.

Recuerda

Las hojas de cálculo guardadas con Open Office Calc tienen extensión .ods.

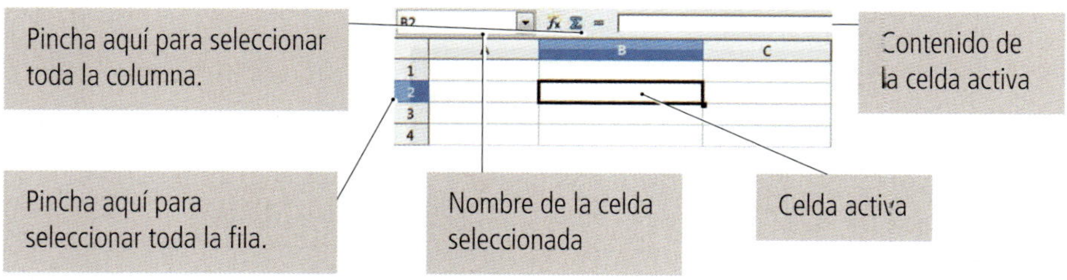

- **Copiar, mover y borrar.** Para copiar o mover el contenido de las celdas, estas se seleccionan con el ratón y, a continuación, se pulsa sobre los botones **Copiar** o **Cortar** de la barra de herramientas; después se sitúa el ratón sobre la nueva posición y se pulsa el botón **Pegar.**

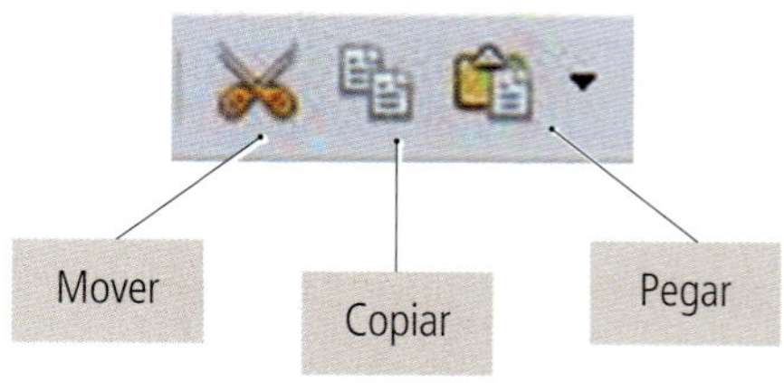

Introducir datos en las celdas

Cada celda de la hoja de cálculo puede contener: texto, números, fechas y horas o fórmulas. Para insertar datos en una celda se coloca el ratón sobre ella y se teclea lo que se desee. Para finalizar se pulsa la tecla **Intro** o se selecciona otra celda con el ratón. Se pueden utilizar también los botones de la barra de fórmulas:

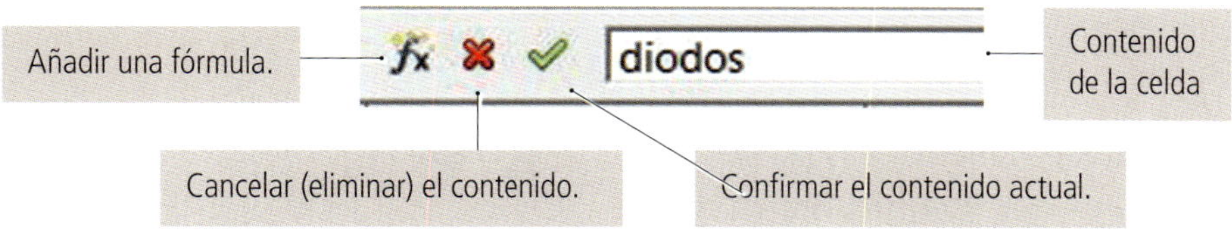

Observa

Puedes cancelar la introducción de datos en una celda pulsando la tecla **esc.**

- **Introducir texto en celdas.** Después de introducir un texto en una celda se puede modificar su aspecto utilizando la barra de herramientas **Formato:**

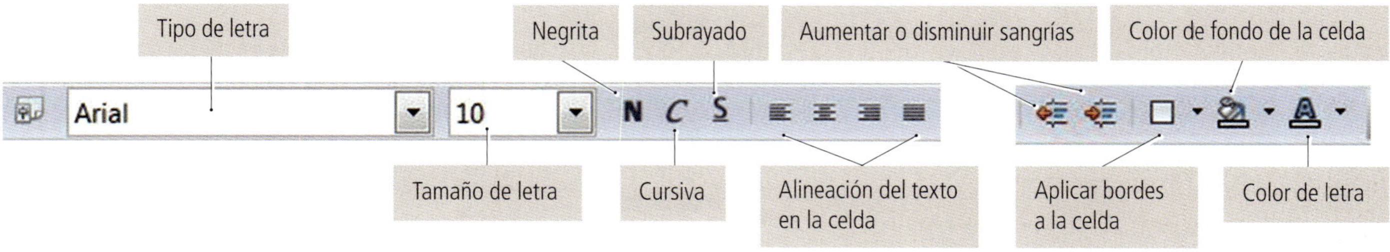

- **Introducir números y fechas.** Los números están formados por dígitos del 0 al 9 y símbolos. Las fechas se introducen separando los campos con el carácter «/».

  A la hora de introducir números se aconseja seguir las siguientes reglas:

  – No utilizar separadores de millar.

  – Escribir los porcentajes en formato decimal (0,15 equivale a 15 %).

  Para modificar su presentación, podemos emplear la barra de herramientas **Formato:**

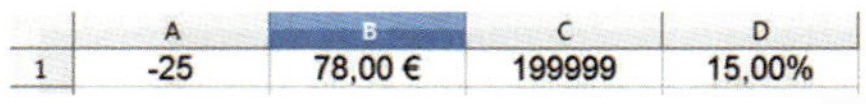

Ejemplos de números.

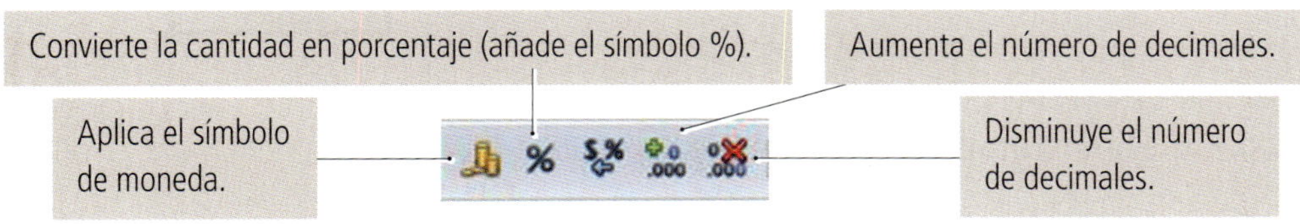

Además, podemos modificar la forma de representar los números desde la opción del menú **Formato/Celdas:**

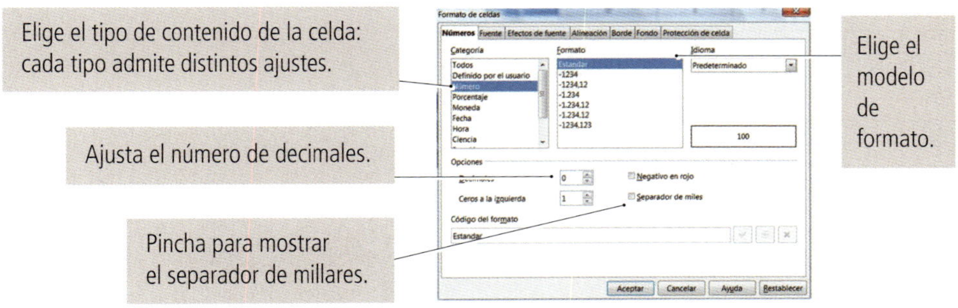

Observa

La categoría **fecha** permite seleccionar entre las siguientes formas de presentación:

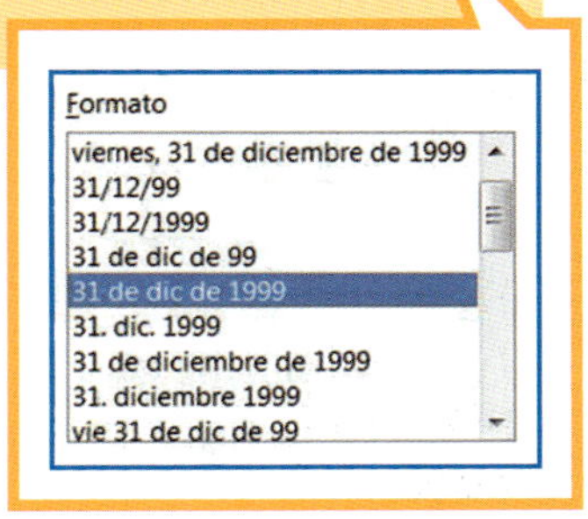

- **Introducir fórmulas.** Las fórmulas se utilizan para calcular resultados a partir de unos datos. Toda fórmula se escribe en una celda precedida del símbolo «=». Los operadores matemáticos que se pueden utilizar en las fórmulas son: +, −, ×, /, ∧, >, <, >=, <=, <>.

  Cuando existen varios operadores en una misma fórmula, estos actúan en el orden siguiente: primero las potencias, luego las multiplicaciones y divisiones y, por último, las sumas y restas. Este orden puede modificarse con el uso de paréntesis.

- **Introducir funciones.** Las funciones son fórmulas matemáticas predefinidas para hacer determinados cálculos. Para insertar una función en una celda, se pulsa sobre el botón **Función** de la barra de fórmulas o desde el menú **Insertar/Función:**

Ejemplos de fórmulas

=A1+A2−A3

=0,18*C3+C2

=(A1−A2)/(B3−B4)

Los valores A1, A2, A3, B3, C2... representan el contenido de las celdas con ese nombre.

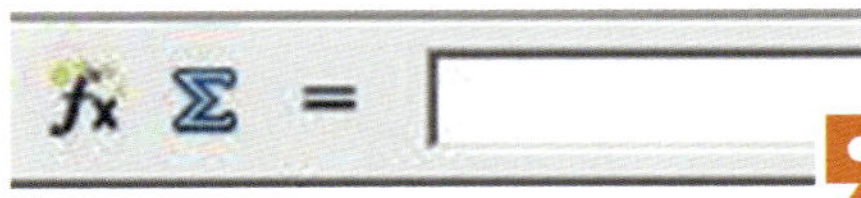

Se pulsa sobre el botón «=» de la barra de fórmulas antes de comenzar a introducirlas.

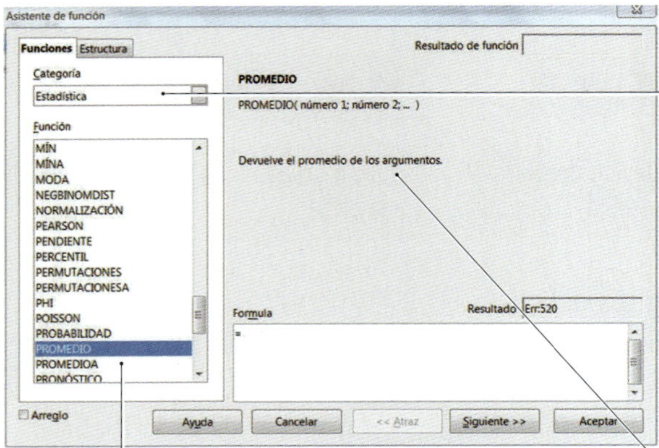

Para localizarla mejor, se pueden desplegar las funciones según el tipo (categoría).

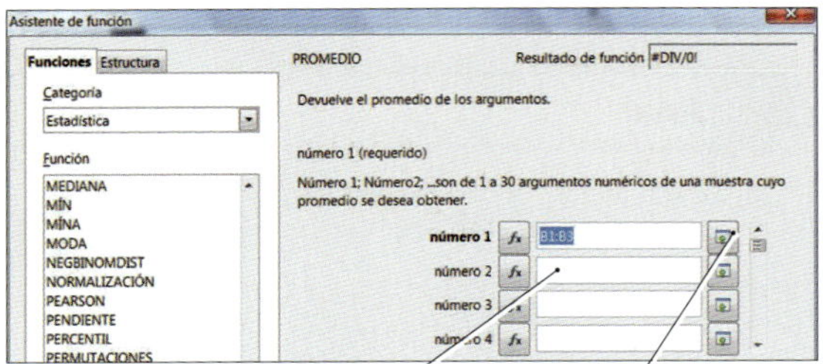

Se selecciona la función y se pulsa **Siguiente.**

Se comprueba en la descripción qué es lo que realiza la función.

Se introducen los valores sobre los que se aplicará la función.

Se seleccionan los valores a los que se quiera aplicar la función marcándolos con el ratón. Para finalizar se pulsa **Aceptar** o **Intro.**

Se pulsa sobre el botón «=» de la barra de fórmulas antes de comenzar a introducirlas.

- **Autorelleno de valores.** Calc puede rellenar automáticamente el contenido de celdas consecutivas cuando estas siguen una secuencia lógica. Para ello, se rellena una celda con un valor y se estira el botón **Autollenado** hacia un lado.

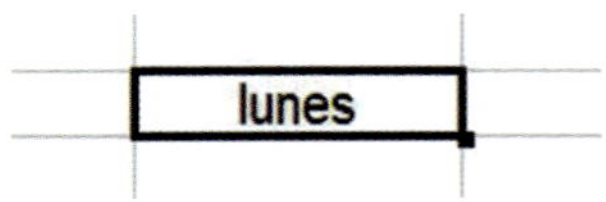

Botón **Autollenado.**

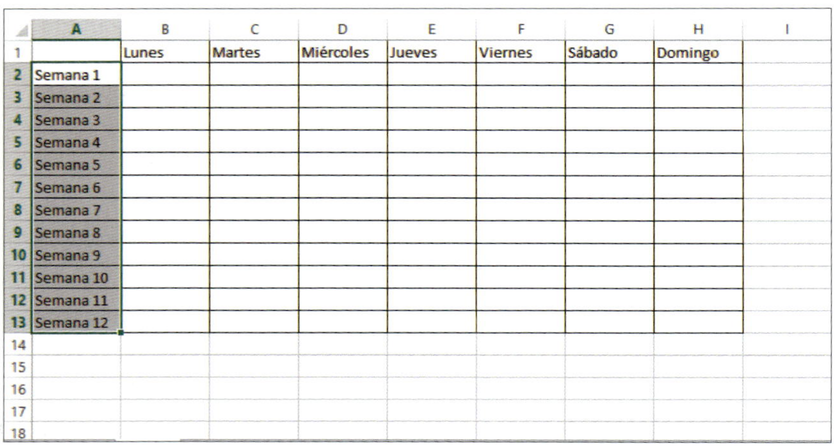

	A	B	C	D	E	F	G	H	I
1		Lunes	Martes	Miércoles	Jueves	Viernes	Sábado	Domingo	
2	Semana 1								
3	Semana 2								
4	Semana 3								
5	Semana 4								
6	Semana 5								
7	Semana 6								
8	Semana 7								
9	Semana 8								
10	Semana 9								
11	Semana 10								
12	Semana 11								
13	Semana 12								
14									
15									
16									
17									
18									

Ajustar la presentación de la hoja de cálculo

- **Añadir o eliminar filas y columnas.** Haciendo clic con el botón derecho del ratón sobre el número de encabezado de fila o la letra del nombre de la columna aparece un menú en el que se puede añadir, eliminar o mostrar el elemento seleccionado.

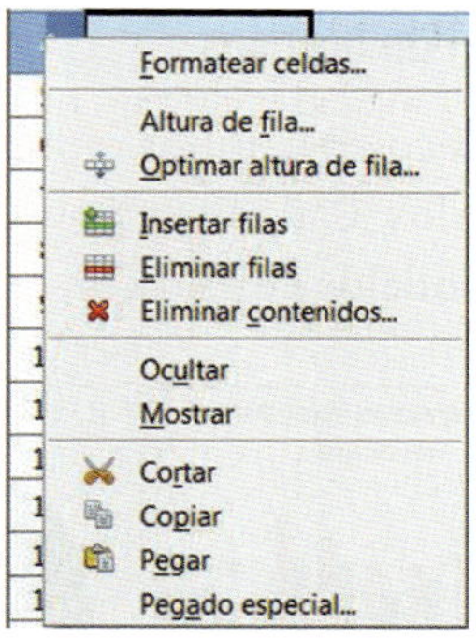

Añade o elimina filas y columnas.

- **Ajustar ancho y alto de filas o columnas.** Desde las opciones de menú **Formato/Fila/Alto** o **Formato/Columna/Ancho.**

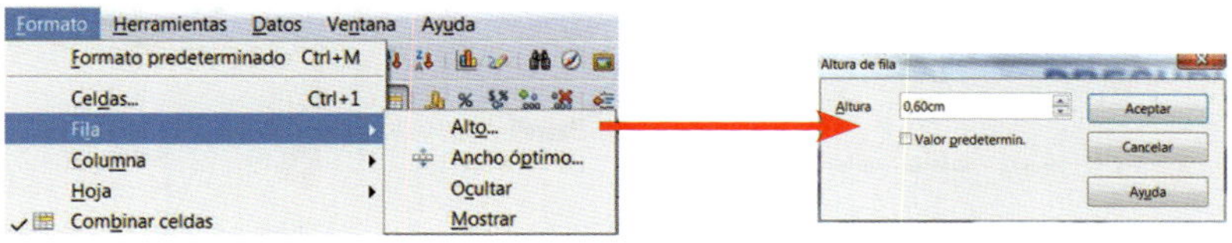

- **Alinear el contenido dentro de una celda.** Se seleccionan la celda o celdas a las que se van a aplicar los formatos. Después, se selecciona la pestaña **Alineación** en el menú **Formato/Celdas.**

Las pestañas **Fuente** y **Efectos de fuente** permiten ajustar tipos, tamaños y efectos de texto.

Permite ajustar la alineación del texto horizontalmente respecto a la celda.

Se selecciona **Ajuste de texto** si se desea que este ocupe varias líneas.

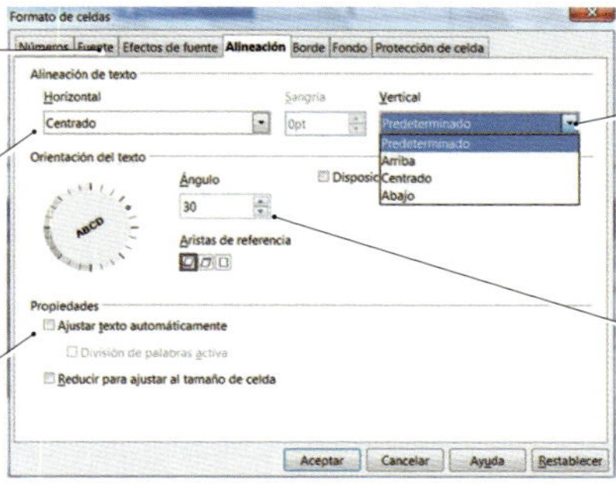

Ajusta la alineación del texto verticalmente respecto a la celda.

Gira el texto o aplica un ángulo si se quiere escribir el texto con cierta inclinación.

- **Ajustar bordes y colores de fondo a las celdas.** Se seleccionan las celdas y se accede al menú **Formato/Celdas.** Se selecciona la pestaña **Bordes** o la pestaña **Fondo.**

Bordes que se quieran mostrar.

Estilo de línea para el borde.

Sombra al texto.

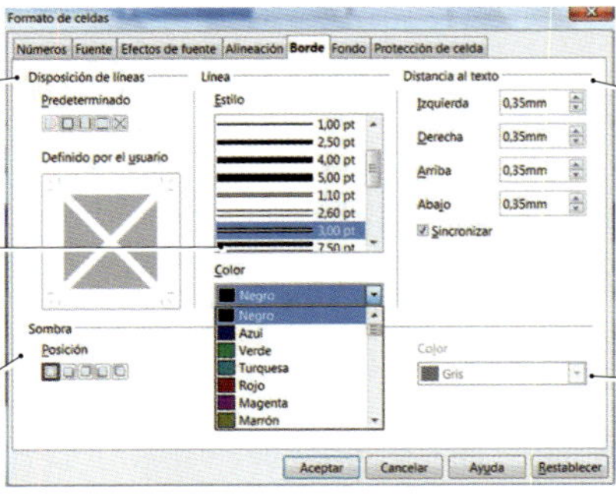

Distancia del borde al texto.

Color para el borde.

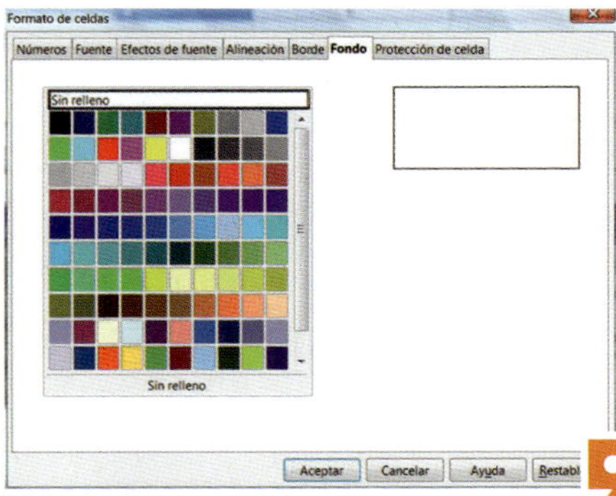

Aplica un color de fondo sobre las celdas seleccionadas.

- **Unir varias celdas.** Para transformar varias celdas consecutivas en una sola se seleccionan y se pulsa sobre el botón **Combinar celdas** de la barra de herramientas **Formato.**

- **Dar formato rápido a una serie de celdas.** Se seleccionan las celdas a las que se quiere dar formato y se accede al menú **Formato/Formateado automático.**

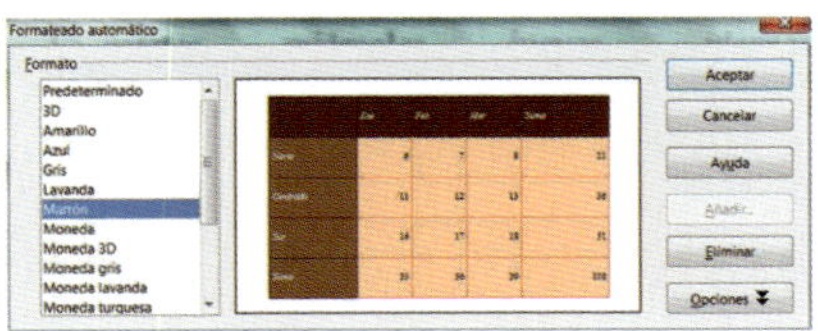

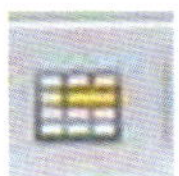

Botón **Combinar celdas.**

Creación de gráficos

Los gráficos permiten representar valores numéricos de forma que sea fácil analizarlos. Cada lista de valores numéricos se denomina **serie.** Existen múltiples modelos de gráficos, entre los que podemos destacar:

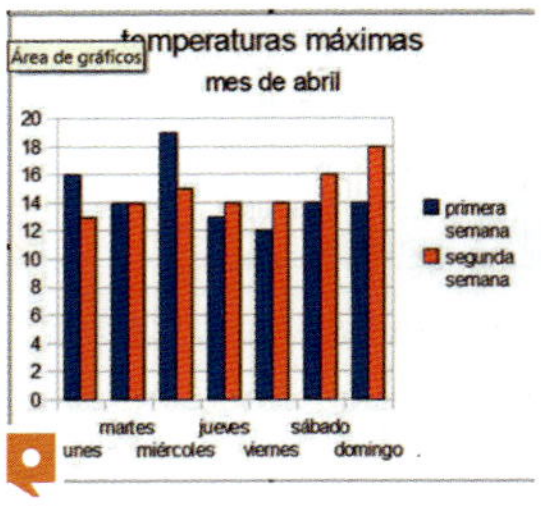

Columnas o barras.

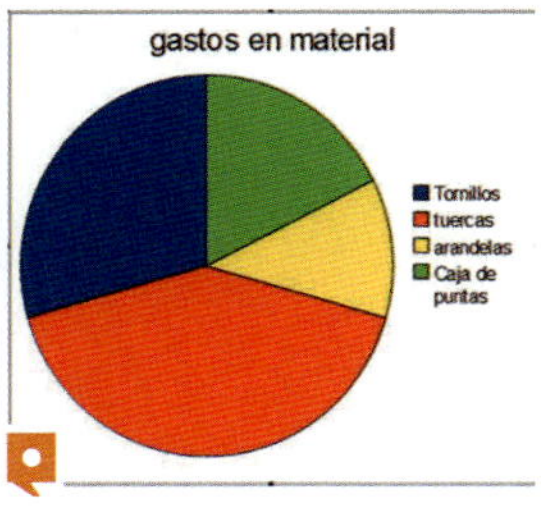

Círculo.

Línea.

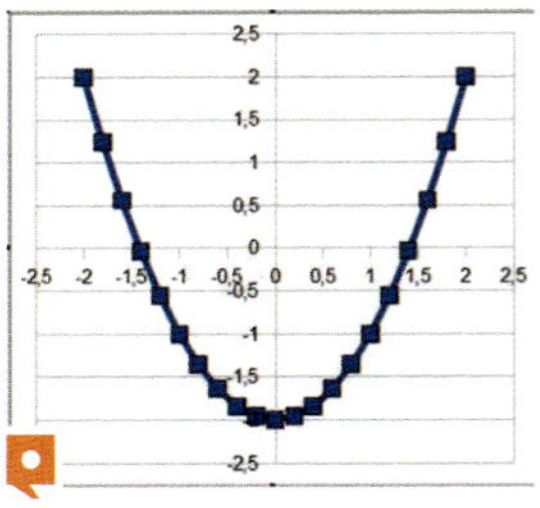
XY (disperso).

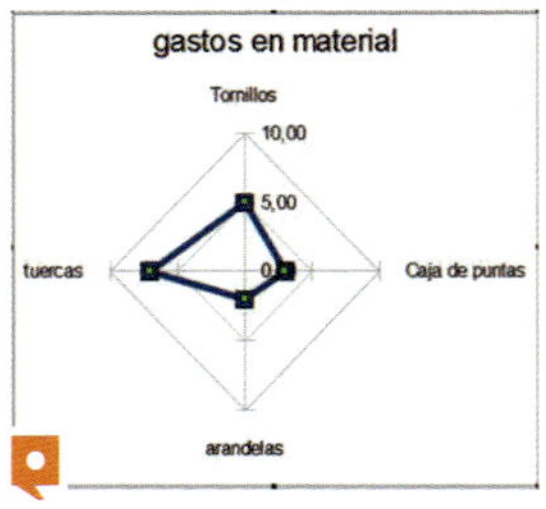

Red.

Para insertar un gráfico se selecciona con el ratón el rango donde se encuentran los valores que se van a representar.

	A	B	C	D	E	F	G	H
1		TEMPERATURAS MÁXIMAS						
2		lunes	martes	miércoles	jueves	viernes	sábado	domingo
3	primera semana	16	14	19	13	12	14	14
4	segunda semana	13	14	15	14	14	16	18

Selecciona también la fila o la columna que contenga los títulos de los datos.

A continuación, se pulsa sobre el botón **Gráfico** de la barra de herramientas estándar o se accede al menú **Insertar/Gráfico.**

Botón **Insertar gráfico**.

Sigue los pasos que indica el asistente pulsando el botón **Siguiente:**

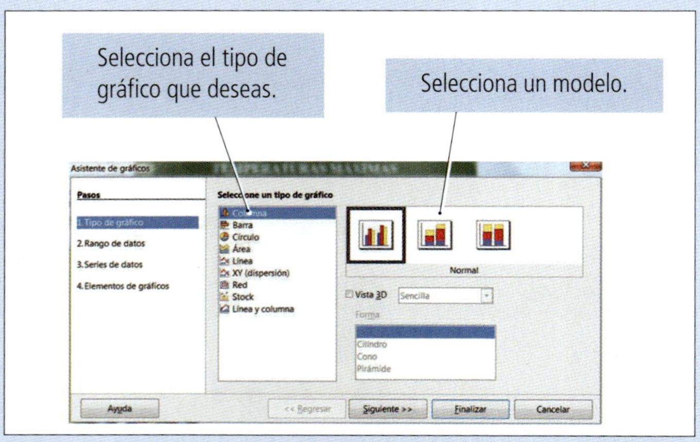

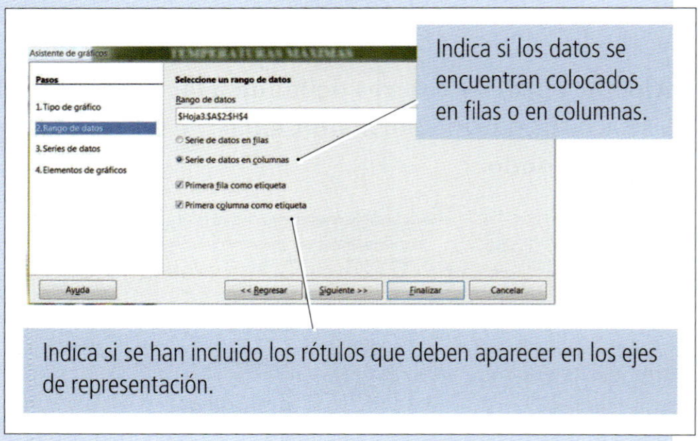

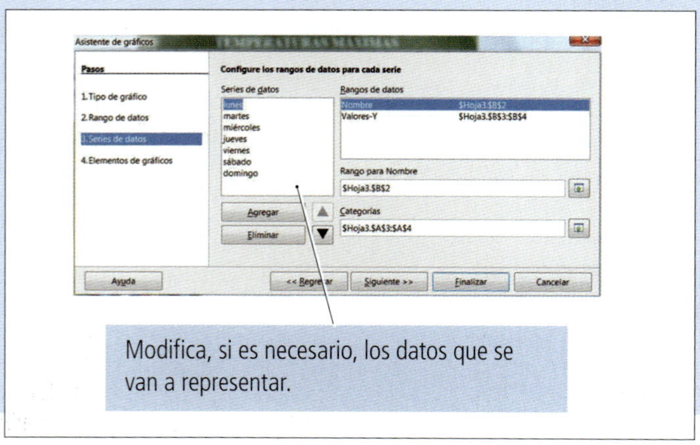

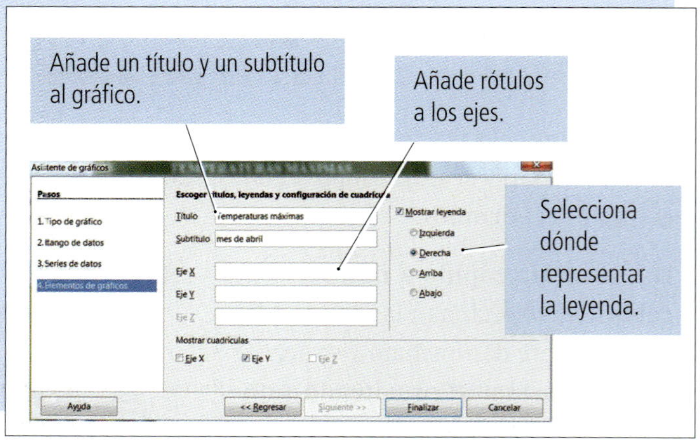

Modificar un gráfico creado

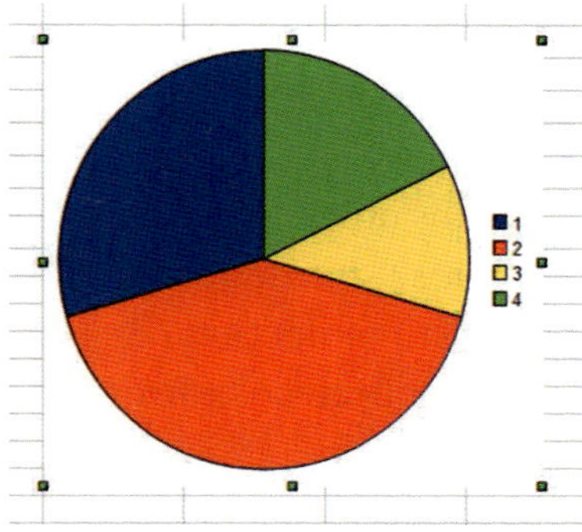

Arrastra de los puntos selectores del borde para ajustar su tamaño.

Para cambiar la posición de un gráfico se hace clic sobre él y se arrastra con el ratón. Haciendo doble clic sobre el gráfico se entra en el modo de edición de un gráfico. Aparece una nueva barra de herramientas:

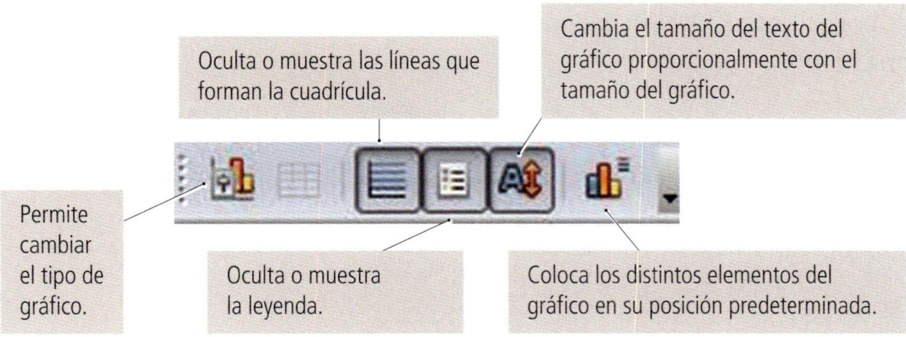

Los distintos elementos que nos encontramos en un gráfico son:

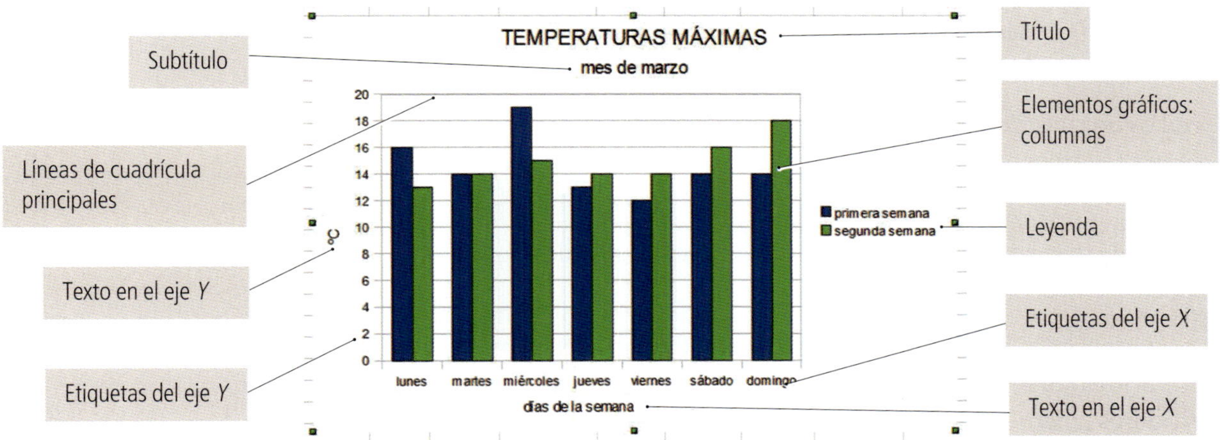

Cuando estamos en el modo de edición gráfica podemos hacer doble clic sobre cualquier elemento del gráfico para modificarlo o acceder al menú **Formato:**

- Sobre un espacio vacío del gráfico, permite ajustar un borde al gráfico y un color de fondo (desde la pestaña **Área**).
- Sobre una leyenda, aparece una ventana en la que se pueden ajustar la posición de la leyenda, los colores de fondo, el tipo de letra y el borde.
- Sobre un eje, permite ajustar las escalas de valores del eje, la posición de los ejes, el tipo de letra, etc.
- Sobre las líneas de la cuadrícula, es posible ajustar el estilo, el grosor, el color, etc.
- Sobre los elementos de texto (título, subtítulo, texto en los ejes), permite editar el texto escrito.

Para salir del modo de edición se hace clic fuera del gráfico.

Barra de dibujo.

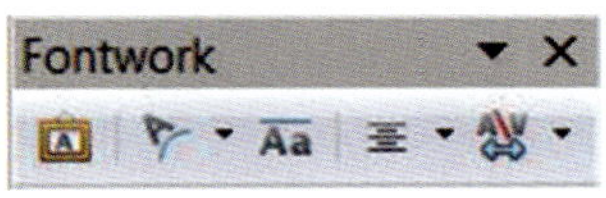

Barra de **Fontwork.**

Insertar otros objetos en la hoja de cálculo

Además de los elementos propios de la hoja de cálculo, se pueden insertar otros procedentes de distintas aplicaciones de la suite OpenOffice.

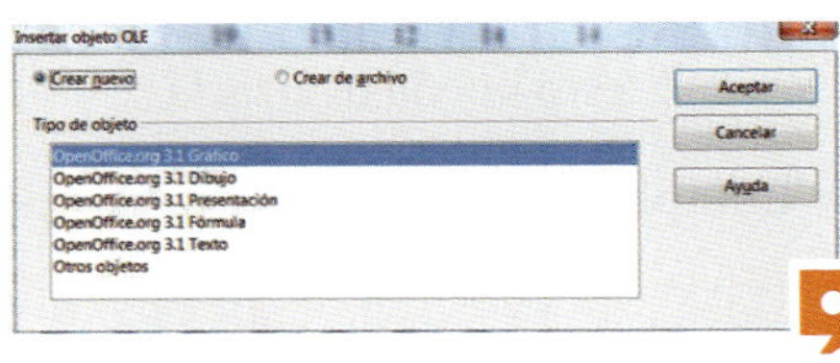

Se pueden incorporar dibujos realizados con Draw, presentaciones con Impress, texto escrito en Writer, o incluso fórmulas matemáticas realizadas con un editor.

06 Las redes de ordenadores

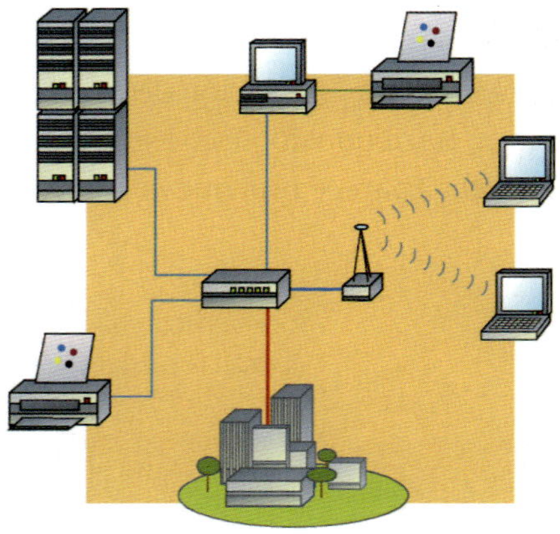

Fíjate en los ordenadores de tu aula. ¿Te permiten mandar un mensaje a tus compañeros? ¿Puedes ver en tu ordenador algún documento que se encuentre en otro distinto del tuyo? Seguramente sí, gracias a que los ordenadores del aula están conectados entre sí formando una red.

> Una **red de ordenadores** es un conjunto de ordenadores conectados entre sí de forma que se puede compartir información entre ellos.

Los elementos necesarios para construir una red son:

- Los **ordenadores** que se quieren conectar.
- Una **tarjeta de red**, que normalmente se encuentra dentro de la unidad central y que va a dirigir todo el proceso.
- Una **conexión** entre los ordenadores, ya sea a través de un cable que los una o por medio de ondas (redes inalámbricas).
- El ***software* de red** o conjunto de instrucciones que van a permitir transmitir la información entre los ordenadores, y que normalmente están incluidas en el sistema operativo.

Existen dos tipos de redes según la forma en que cada ordenador accede a los recursos compartidos:

- **Redes cliente-servidor:** en ellas, uno de los ordenadores, llamado servidor, controla la información que se puede compartir y da los permisos de acceso al resto de ordenadores (clientes).
- **Redes *peer to peer* (P2P)** o de igual a igual: todos los ordenadores acceden a los recursos compartidos en igualdad de condiciones.

Las redes de ordenadores presentan las siguientes ventajas:

- Permiten **compartir información.** Un documento que se encuentre en un ordenador será también accesible desde el resto de ordenadores que formen la red.
- Admiten el **envío de mensajes** entre los distintos ordenadores que forman la red.
- Se puede **compartir el uso de dispositivos, como las impresoras.** Basta con que un ordenador tenga una impresora en calidad de compartida para que el resto pueda utilizarla.
- **Compartir *software*,** ahorrando así espacio en el disco duro.

Redes de área local (LAN)

Son redes de ordenadores, como la de tu aula, que ocupan una pequeña extensión de terreno (una sola habitación, un edificio o varios bloques de viviendas).

http://www.educared.net/anavegar10/unidades_didacticas/LC_AN_03_buscar_informacion/index.html

06.1 Internet: la red de redes

Si, por medio de un cable, uniéramos la red de ordenadores de tu aula con la de un centro educativo situado en Estados Unidos, podrías intercambiar información sobre tus proyectos de Tecnología o mandar mensajes a los alumnos de aquel país. Si en lugar de un cable utilizáramos las líneas telefónicas ya existentes, estaríamos conectados con cualquier ordenador del mundo. Pues bien, eso es Internet.

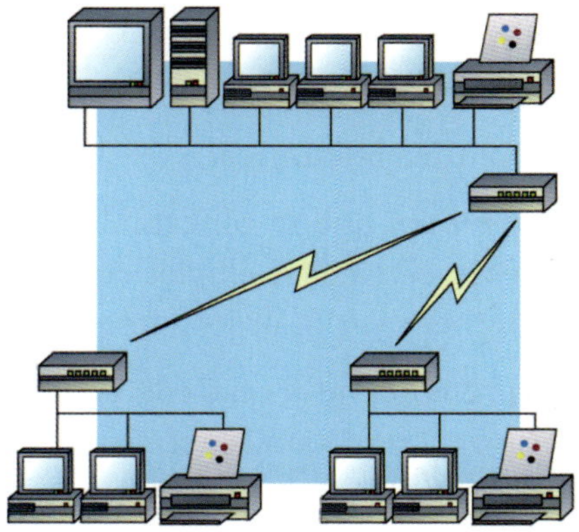

> **Internet** es una red de alcance mundial que conecta distintas redes de ordenadores aprovechando las líneas telefónicas. De ahí que se le llame «**red de redes**».

Para entender cómo se realiza la conexión a Internet debes conocer una serie de conceptos:

- **Proveedores.** Los ordenadores se conectan a Internet a través de los equipos que ofrecen las compañías telefónicas y que es necesario contratar; por eso se les denomina **proveedores de servicios de Internet.**

Proveedor-usuario

Cuando el usuario está dado de alta en Internet, el proveedor proporciona al usuario un **identificador de usuario** y una **clave de acceso.**

Los principales proveedores de servicios de internet son: Movistar, Vodafone, Orange, Jazztel, Ono, etc.

- **Servidores.** Son unos ordenadores que siempre están conectados a Internet y que nos proporcionan información y otros servicios (correo, buscadores...). En ellos se almacenan las páginas web y los correos que consultamos en Internet.
- **Nombre de dominio.** Identifica a un sitio web. Cada dominio tiene que ser único. Se compone normalmente de tres partes:

  Nombre_del_servidor.Subdominio.Dominio_principal.

  Las letras que forman el dominio principal se asignan por la situación geográfica o por el tipo de información que contienen:

DOMINIOS GEOGRÁFICOS			
Dominio	**País**	**Dominio**	**País**
de	Alemania	fr	Francia
ar	Argentina	uk	GranBretaña
be	Bélgica	it	Italia
ca	Canadá	jp	Japón
dk	Dinamarca	mx	México
es	España	pe	Perú
us	EstadosUnidos	se	Suecia

DOMINIOS DE ORGANIZACIÓN	
Dominio	**Significado**
com	Organización comercial
edu	Institución educativa
gob	Institución gubernamental
int	Organización internacional
mil	Organización militar
net	Recursos de red
org	Organizaciones variadas

- **Protocolo TCP/IP.** Se trata de un *software,* que forma parte de nuestro sistema operativo, con las normas que deben seguir todos los ordenadores que quieran conectarse entre sí.

06.2 Elementos necesarios para conectarse a Internet

Para conectarte a Internet necesitas los siguientes elementos:

- Un **ordenador** con la tarjeta de red y los programas, incorporados en el sistema operativo, necesarios para acceder a la red (el navegador, los protocolos TCP/IP...).
- Una **línea telefónica.**
- Un ***router,*** que se conectará al ordenador y a la línea telefónica. Generalmente, el *router* se emplea en lugar del módem cuando vamos a dar acceso a Internet a varios ordenadores a través de la misma línea telefónica.
- Una **cuenta de acceso con un proveedor,** el cual nos proporcionará el nombre de acceso y una contraseña.

Router inalámbrico.

06.3 Servicios que ofrece Internet

- **www** o consulta de páginas web: permite ver documentos con información en forma de texto, imágenes, sonidos...
- **Correo electrónico** o *e-mail:* consiste en enviar y recibir mensajes de texto de otros usuarios, que llegan a su destino en pocos segundos. Los mensajes también pueden llevar imágenes, sonidos...
- **Foros de debate** o grupos de noticias (***news***): permiten leer y escribir mensajes u opiniones respecto a un tema concreto. Permanecen visibles para todo el mundo durante varios días.
- **Transferencia de archivos (ftp):** permite el envío y la recepción de archivos de unos ordenadores a otros. Es distinto del correo electrónico, pues emplea unos programas especiales (Cute FTP, WS_FTP) que hacen que la transferencia sea más rápida.
- **Chats y videoconferencias:** se trata del establecimiento de una comunicación en tiempo real entre las personas conectadas. Pueden ser desde simples charlas escritas hasta videoconferencias, que incluyen sonido e imagen en directo (NetMeeting, Messenger).
- **Telnet:** desde nuestro ordenador nos conectamos a otro ordenador remoto para utilizar sus recursos, ver su información e incluso ejecutar sus aplicaciones como si estuviésemos allí. En tu ordenador seguramente tengas instalada una aplicación similar, llamada **Conexión a escritorio remoto.**

WWW

Correo

Foros

ftp

Chat

Telnet

06.4 Protocolos

Según utilicemos un servicio de Internet u otro, es necesario incorporar unas normas de comunicación diferentes, denominadas protocolos.

Los más usuales son:

- **http,** para el servicio www.
- **nntp,** para la transferencia de noticias en red.
- **ftp,** para la transferencia de archivos.

07 World Wide Web (www)

Conocido como web, es el servicio más utilizado en Internet. Está formado por documentos con múltiples páginas y contenidos muy variados (texto, imágenes, sonido, vídeo) que presenta las siguientes características:

- Podemos trasladarnos de unas páginas a otras con un simple clic en el ratón gracias a los enlaces o vínculos (hipertexto).
- Los documentos se realizan con unos programas de aplicación especiales (FrontPage, Dreamweaver) o con lenguajes de programación (HTML, PHP) y el nombre del documento tiene las extensiones **.htm** o **.html.**
- Para verlos en nuestro ordenador, necesitamos unos programas conocidos como **navegadores** o ***browsers.***

Navegadores más utilizados.

07.1 Los navegadores

El navegador es la aplicación que permite localizar y ver páginas web.

La **barra de herramientas** de todos los navegadores tiene:

Favoritos: permite guardar las direcciones de las páginas que se visitan con frecuencia para poder acceder a ellas de forma rápida.

Barra de dirección: en ella se escribe la dirección del documento que queremos localizar. Su formato es: Protocolo://Servicio.Servidor.Dominio/Ruta del documento.

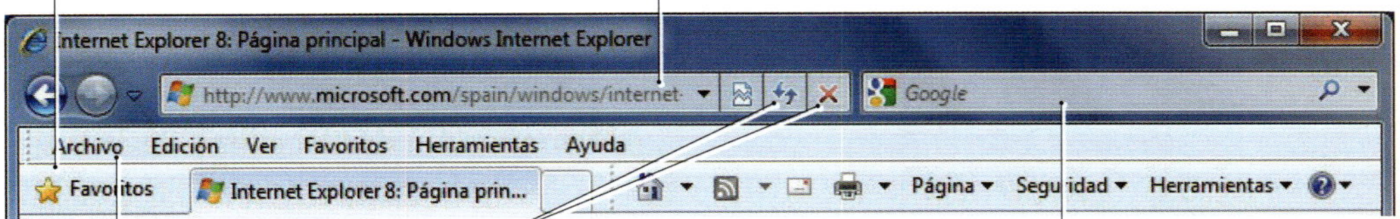

Barra de menú

Botones para **actualizar** el contenido de la página y para detener la descarga.

Proveedor de búsqueda: es un «buscador» incorporado en la barra de herramientas, al que podemos añadir otros buscadores y seleccionar entre ellos.

Las operaciones que tienes que saber hacer con el navegador son:

- **Localizar** en la página web el texto que estamos buscando: en el menú que se despliega al presionar la flecha que aparece al lado del buscador hay que escoger la opción **Buscar en esta página.** A continuación, se introduce el texto que queremos buscar en el cuadro de búsqueda que aparece.
- **Guardar el contenido** de la página web completa en el ordenador: desde el menú **Página/Guardar como...**
- **Copiar una parte del texto** de la página: con el ratón, seleccionamos el texto que queremos copiar y, sobre él, hacemos un clic con el botón derecho del ratón. En el menú que aparece seleccionamos la opción **Copiar** y, a continuación, **Pegar** sobre otro documento.
- **Guardar una imagen** de la página: con el botón secundario del ratón pinchamos sobre ella. En el menú que aparece seleccionamos la opción **Guardar imagen como...**

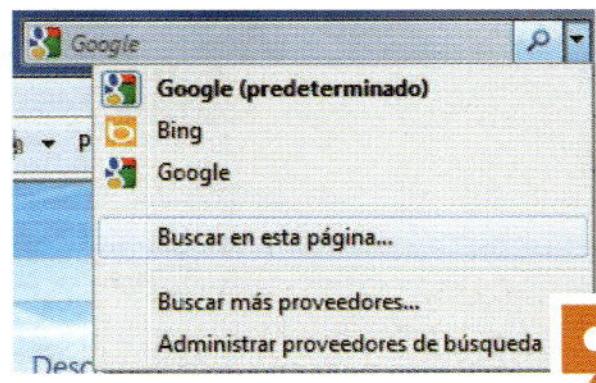

Buscar texto.

Guardar el contenido de una página.

Copiar texto.

Guardar una imagen.

07.2 Los buscadores

Como la información de la que disponemos en Internet es casi infinita, resulta muy difícil acceder a ella si desconocemos la dirección exacta donde se encuentra. Para ello, existen unos servidores dedicados a almacenar y clasificar los contenidos de las páginas que existen en Internet: son los **buscadores.**

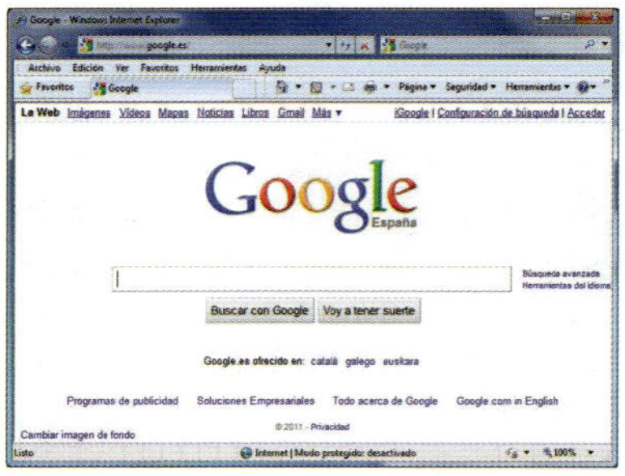

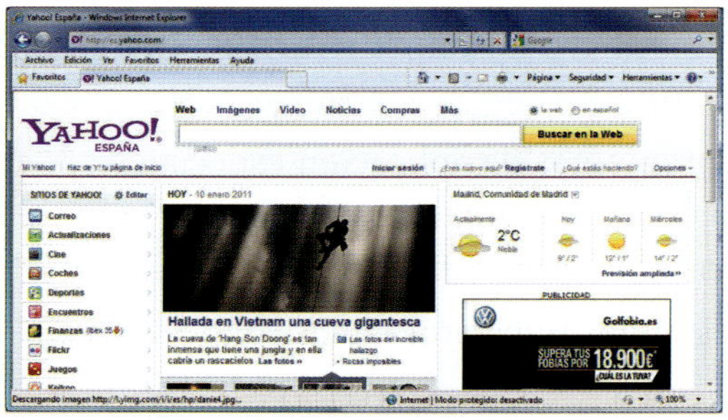

Todos los buscadores disponen de un formulario en el que, introduciendo una serie de **palabras clave,** nos ofrecen los enlaces a las direcciones que contienen dichas palabras.

Para intentar localizar de forma más precisa la información que deseas, los buscadores nos dan la posibilidad de realizar una búsqueda avanzada en la que se ofrecen las siguientes opciones:

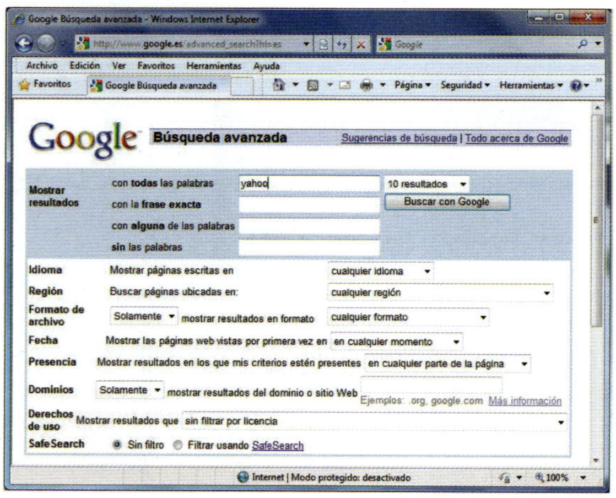

- Búsqueda con **todas las palabras:** todas las palabras que escribamos en este espacio aparecerán en las páginas que encuentre.
- Búsqueda con **la frase exacta:** si queremos que encuentre solo páginas que contengan la frase exactamente como la hemos escrito.
- Búsqueda con **alguna de las palabras:** indicamos al buscador una serie de «pistas» sobre otras palabras que están relacionadas con la información que buscamos.
- Búsqueda **sin palabras:** le indicamos las palabras que no queremos que contengan las páginas que encuentre.
- Existe la opción de indicar el idioma de las páginas buscadas, así como el tipo de contenido (**doc,** para los documentos de texto; **ppt,** para presentaciones de PowerPoint...).

Buscadores

www.google.com
www.yahoo.es
www.bing.com
www.altavista.com
www.lycos.es

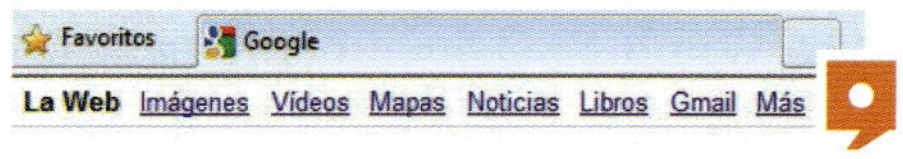

El buscador más empleado es Google, debido a los aciertos en las búsquedas. Además, continuamente sigue añadiendo nuevas características, como son las búsquedas de imágenes, libros, en mapas, etc.

El uso de las comillas

Cuando introducimos una frase encerrada entre comillas dentro del formulario de búsqueda, el buscador solo nos muestra páginas que contienen exactamente esa frase.

Traducir la página web

Algunos buscadores nos ofrecen la posibilidad de traducir la página a nuestro idioma haciendo clic junto a la lista de resultados encontrados.

07.3 Los portales

Los portales son sitios web que sirven de entrada a otros contenidos de Internet. Presentan la información bien organizada y ofrecen un conjunto de servicios integrados en la misma página, como buscadores, correo, alojamiento de páginas web, blogs, etc.

Se suelen distinguir tres tipos de portales:

Portales horizontales

Con contenidos genéricos y que pretenden llegar al público en general. Entre ellos encontramos los siguientes: MSN, Yahoo!, Terra, Altavista, Lycos, etc.

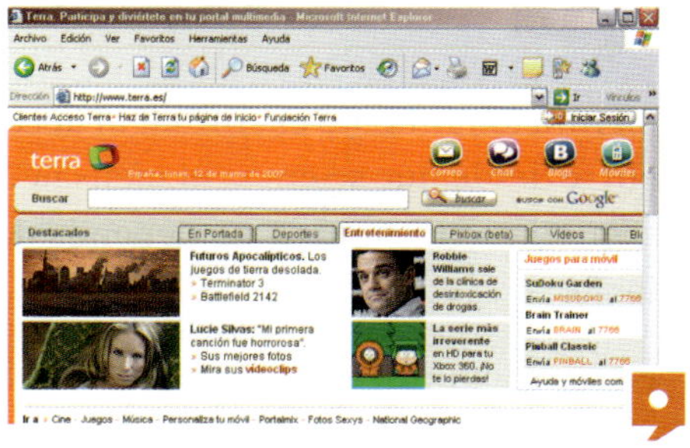

Portal horizontal: portal de contenidos generales que ofrece, además de un buscador, noticias de todo tipo clasificadas por temas y acceso a chats, juegos, compras... También es un proveedor de servicios de Internet de banda ancha (ADSL). Ofrece la posibilidad de conseguir de forma gratuita una cuenta de correo o incluso crear un blog propio.

Portales verticales

Tratan un determinado tema como Educaweb, de información educativa; Infojobs, de búsqueda de empleo; Bricocanal, dedicado al bricolaje, etc.

Portales diagonales

Son una mezcla de los dos tipos anteriores. Hacen referencia a los portales que usan las redes sociales: YouTube, Flickr, etc.

07.4 La web 2.0

Se entiende por web 2.0 todas aquellas funcionalidades que han hecho de Internet una herramienta dinámica, con contenidos que aumentan día a día gracias a que cualquier usuario puede crear, intercambiar o compartir fácilmente información con los demás.

Para ello, la web ha incorporado los siguientes servicios:

- **Wikis:** permiten crear sitios web de forma colaborativa.
- **Blogs:** construcción de páginas de opinión, cuyos contenidos se actualizan periódicamente y a los que el resto de usuarios pueden agregar comentarios.
- **Redes sociales:** permiten el intercambio de mensajes, imágenes y otros documentos entre amigos y conocidos.
- **Alojamiento de archivos:** son webs que nos permiten alojar vídeos, fotografías, presentaciones..., para que sean accesibles a otros usuarios.

Portal vertical: portal de contenidos educativos. Ofrece información a estudiantes sobre los centros educativos y las distintas enseñanzas que se imparten en ellos. Además, ofrece cursos gratuitos a través de Internet sobre determinadas materias.

Wikis

Wikispaces, Aulawiki21...

Blogs

Blogger, WordPress...

Redes sociales

Tuenti, Facebook, Twitter, Hi5, MySpace...

Alojamiento

YouTube (vídeos), Flickr (fotografías), Slideshare (presentaciones)...

08 El correo electrónico

Su funcionamiento es similar al del correo postal, aunque el tiempo que transcurre desde que se envía el mensaje hasta que se recibe es de tan solo algunos segundos o minutos y no depende del lugar en el que se encuentre el destinatario.

Para poder utilizarlo, es necesario solicitar sus servicios a un proveedor (dar de alta una cuenta o registrarse). Existen distintos tipos de correo:

- **Correo web.** Nos damos de alta a **través de una página web,** rellenando un formulario con nuestros datos (como el que indicamos en el margen). Los más conocidos son Hotmail y Gmail. Las características de este tipo de correo son:
  - Los mensajes solo se pueden enviar o recibir a través de su página web.
  - Podemos leer el correo **desde cualquier ordenador,** simplemente accediendo a la página web que lo aloja y sin necesidad de configurar nada.
  - Es gratuito, por lo que tiene una capacidad más limitada.
- **Correo POP.** Para darse de alta en una cuenta, tenemos que contactar con un proveedor, que normalmente suele ser el mismo que nos ofrece la conexión a Internet. Sus características son:
  - Se necesita tener instalados en el ordenador **programas específicos para la gestión de correo** (Outlook, Eudora...).
  - Si queremos utilizarlo desde un ordenador distinto, tendremos que volver a configurar esos programas con nuestros datos.
  - Es más rápido acceder al correo.

Por cualquiera de los dos medios con que accedamos al correo, nuestro proveedor nos proporcionará:

- Un **nombre de usuario,** que formará parte de nuestra dirección de correo.
- Una **contraseña,** que hará que nuestro acceso sea confidencial.

> La **dirección de correo** nos permite identificarnos de forma única entre todos los usuarios, de modo que no pueden existir dos direcciones de correo iguales.

Todas las direcciones de correo presentan la siguiente forma:

Nombre que nos proporciona el proveedor. → Nombre de usuario

Nombre del **servidor** que nos proporciona el correo. → hotmail

Dominio en el que se encuentra el servidor. → .com

Nombre de usuario @ hotmail .com

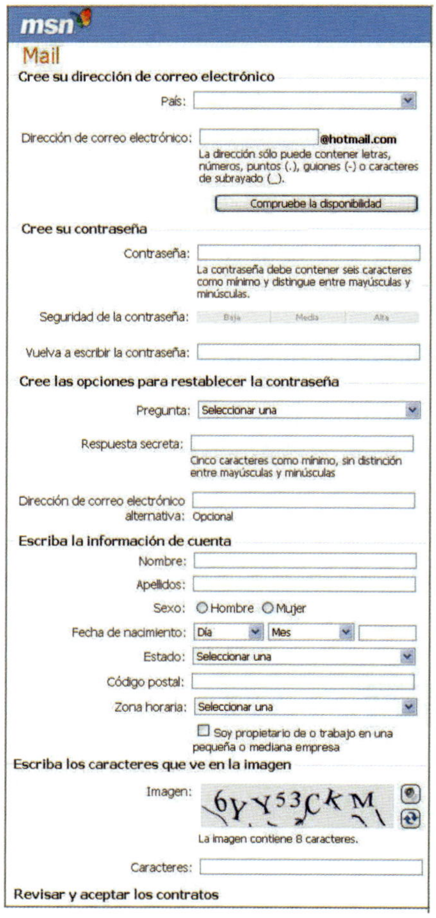

Crear un correo

Existen muchos sitios donde podemos crear un correo web. Los más usuales son:

- Windows Live (MSN): correo Hotmail.
- Yahoo!
- Google: correo Gmail.

Los ordenadores a lo largo de la historia

En el siglo XIX, Charles Babbage planteó los fundamentos de una **máquina analítica** que fuese capaz de almacenar información, de transformarla y de comunicarla, pero la tecnología de su época no le permitió construirla. Desde aquellos días, los ordenadores han ido evolucionando en la medida que lo han hecho sus componentes, dando origen a distintas generaciones de computadoras.

La primera generación (1951-1958) se caracteriza por el empleo de **tubos al vacío** para procesar información y la utilización de tarjetas perforadas para introducir los datos y los programas. Los ordenadores eran enormes, pesados, de alto consumo y muy limitados.

En la segunda generación (1958-1964) los transistores reemplazan los tubos al vacío de los circuitos electrónicos. Las computadoras tienen mucho menor consumo, son más pequeñas y tienen mayor **fiabilidad.** En ese momento se comienza a trabajar con los lenguajes de programación.

La tercera generación (1964-1971) se distingue porque las placas de circuito impreso se sustituyen por circuitos integrados, pastillas de silicio que reciben el nombre de chips, lo que permite reducir aún más el tamaño y el consumo, y aumentar la fiabilidad.

En la cuarta generación (1971-1981) se utilizan memorias electrónicas en vez de núcleos de ferrita, con lo que se aumenta la velocidad y se reduce aún más el tamaño. Un solo chip de silicio de 1 cm^2 almacena 64 000 bits de información.

Durante la quinta generación (1982-1989), debido a la acelerada marcha de la microelectrónica, la sociedad industrial desarrolla el *software* y los sistemas con que se manejan los ordenadores.

Japón lanza en 1983 el llamado «programa de la quinta generación de computadoras», con los objetivos explícitos de producir máquinas con innovaciones reales, y en Estados Unidos se pone en actividad un programa en desarrollo que persigue objetivos semejantes.

En la sexta generación (1990-actualidad) los ordenadores cuentan con cientos de microprocesadores vectoriales trabajando al mismo tiempo. Se han creado ordenadores capaces de realizar más de un millón de millones de operaciones aritméticas por segundo y las redes de área mundial siguen creciendo desorbitadamente utilizando medios de comunicación a través de **fibras ópticas** y satélites, con enormes anchos de banda. Algunas de las tecnologías de esta generación ya desarrolladas o en proceso son: inteligencia artificial distribuida, **sistemas difusos, holografía,** transistores ópticos, etc.

ACTIVIDADES

1 Busca en Internet imágenes que ilustren esta lectura.

2 Enumera las principales ideas que transmite el texto.

3 Busca el significado de las palabras resaltadas.

4 Ayudándote del libro, explica qué es un microprocesador.

5 Elabora un trabajo con el ordenador, confeccionando las presentaciones correspondientes, sobre las diferencias entre las computadoras de las diferentes generaciones.

PROYECTOS

Desmontar y montar un ordenador

Desmontaje

1 Quita los tornillos de la parte trasera y abre la caja.

2 Desatornilla los periféricos internos y extrae todas las placas.

3 Quita los tornillos laterales del DVD, de la disquetera y del disco duro.

4 Extrae los conectores de alimentación y los buses de cada dispositivo.

5 A continuación, quita los tornillos traseros de la fuente de alimentación y desconecta desenchufando el conector de la placa madre.

6 Desatornilla la placa madre y extrae los conectores del frontal apuntando su colocación.

Montaje

1 Comprueba que la memoria RAM y el microprocesador están bien colocados.

2 Atornilla la placa base a su soporte, colocando los conectores del frontal en su lugar correspondiente (reset, led de disco duro, altavoz, encendido, led de encendido).

3 Atornilla la fuente de alimentación una vez que hayas colocado el conector de alimentación en la placa madre.

4 Conecta los buses del disco duro, del DVD y de la disquetera a los conectores IDE y a la disquetera de la placa madre.

5 Coloca el DVD, el disco duro y la disquetera en su compartimento; asegúralos con tornillos y coloca los conectores de los buses y de alimentación.

6 Inserta los periféricos internos en su correspondiente conector –AGP, PCI e ISA– apretando con fuerza y atorníllalos a la carcasa de la caja.

7 Pon las tapas de la caja y coloca los tornillos externos.

8 Conecta en la parte trasera de la unidad central el ratón, el teclado, el monitor y el cable de alimentación a la red.

9 Pulsa el botón de encendido y comprueba que funciona.

Diseñar una portada

Realiza una portada que podrás utilizar para la asignatura que quieras, utilizando algunos recursos gráficos que incluye OpenOffice Writer.

Procedimiento

1 Abre un documento nuevo en OpenOffice y configura los márgenes superior, inferior, izquierdo y derecho a 2 cm. Modifica la escala para visualizar la página entera.

2 En la barra de dibujo, situada en la parte inferior de la ventana, pincha en **Galería de Fontwork** y escoge una figura, poniéndole el título de la portada (para ello, pincha dos veces sobre ella).

3 Entra en el menú **Formato/Página** y escoge un color para el fondo y un borde para la página.

4 En la barra de dibujo, selecciona **Línea** y coloca una línea vertical, dividiendo la hoja en dos partes iguales.

5 En la esquina superior derecha coloca una forma de rayo, que encontrarás en la barra de dibujo, en **Formas de símbolos.**

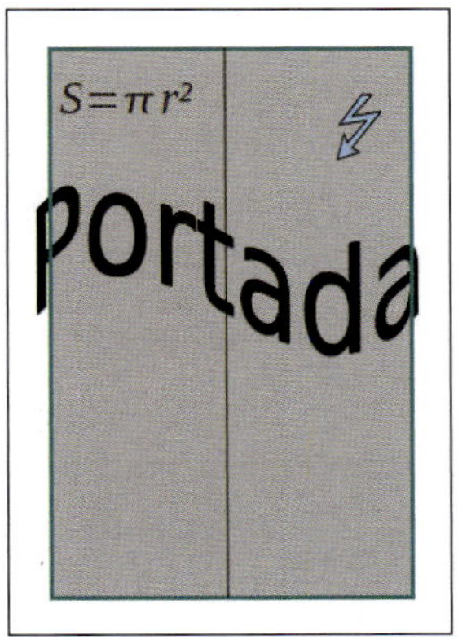

6 En la esquina superior izquierda inserta una ecuación. En el menú **Insertar/Objeto/Fórmula** escribe S = %pi r^2 y pincha en el menú **Formato/Tamaños de fuente/Tamaño de base** y escribe 60 puntos.
A continuación, pincha sobre la página y centra la fórmula.

Para añadir más elementos a la fórmula debes pinchar dos veces sobre ella. En la parte inferior de la pantalla puedes añadir los elementos que quieras.

Si colocas el cursor sobre la ventana inferior de escritura y presionas el botón derecho del ratón, accederás a un menú de operaciones, símbolos, paréntesis, funciones, etc.

Puedes hacer lo mismo sobre la barra de herramientas **Elementos de fórmulas** que aparece en modo flotante.

7 En la esquina inferior derecha inserta una gráfica. Para ello, accede al menú **Insertar/Objeto/Diagrama.** Arrastra el diagrama para colocarlo donde desees. Si quieres modificar los datos y la forma del gráfico solo tienes que colocarte sobre él y pulsar el botón derecho. Para quitar el fondo blanco, haz clic dos veces sobre este y en la pestaña **Transparencia** selecciona **Transparencia** y escribe 100 %.

8 En la esquina inferior izquierda, inserta una fotografía que tengas guardada en el ordenador (menú **Insertar/Imagen**) haciendo uso de las propiedades de diseño.

Añadir efectos de animación utilizando Impress

Sobre una presentación ya realizada, vamos a añadir efectos de transición de diapositivas y movimientos de las imágenes.

Procedimiento

1 Realizar la presentación. Realiza la presentación del proyecto anterior utilizando Impress de OpenOffice. Si ya la has realizado utilizando PowerPoint, puedes abrirla con Impress, aunque quizá tengas que retocar los tamaños de los objetos.

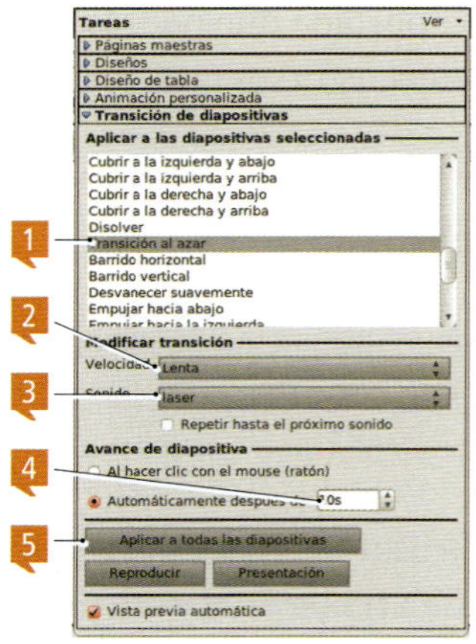

2 Agregar efectos de transición a las diapositivas. Despliega la pestaña **Transición de diapositivas** del panel de tareas y ajusta los siguientes valores:

1. Selecciona el efecto **Transición al azar,** que hará que cada diapositiva cambie a la siguiente de una forma distinta.
2. Ajusta la velocidad de transición a **Lenta.**
3. Selecciona el sonido **Láser.**
4. Ajusta el tiempo que se muestra cada diapositiva en torno a los diez segundos.
5. Presiona sobre el botón **Aplicar a todas las diapositivas.**

Estamos aplicando el mismo tiempo de duración a todas las diapositivas. Sin embargo, es posible ajustar individualmente tanto el efecto como la duración: bastaría con saltarse el paso 5, con lo cual solo se aplica a la diapositiva seleccionada.

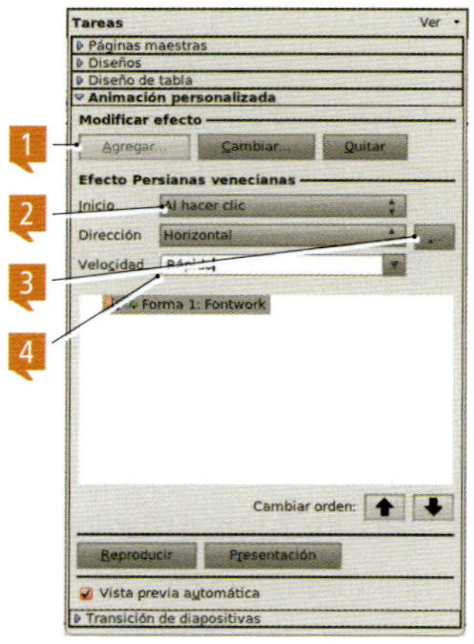

3 Agregar animación a las imágenes de la presentación. Selecciona la imagen que aparece en la segunda diapositiva y despliega la pestaña **Animación personalizada** del panel de tareas:

1. Pulsa sobre el botón **Agregar** para añadir una animación.
2. Selecciona de efecto de entrada **Zoom.**
3. Ajusta que se inicie **Al hacer clic.**
4. Pulsa sobre el botón **Opciones de efectos** , que permite ajustar más efectos.
5. En la ventana **Opciones de efectos,** agrega el sonido **Glasses.**
6. Ajusta la velocidad del efecto a **Rápido.**

Repite el proceso para la imagen de la cuarta diapositiva, cambiando el efecto por el de **Girar.**

Para ver el resultado de la presentación, pulsa F5 o, desde el menú **Presentación,** selecciona **Ver presentación.**

Puedes continuar añadiendo tantos efectos de animación como desees, ya sea sobre las imágenes, el texto o los títulos.

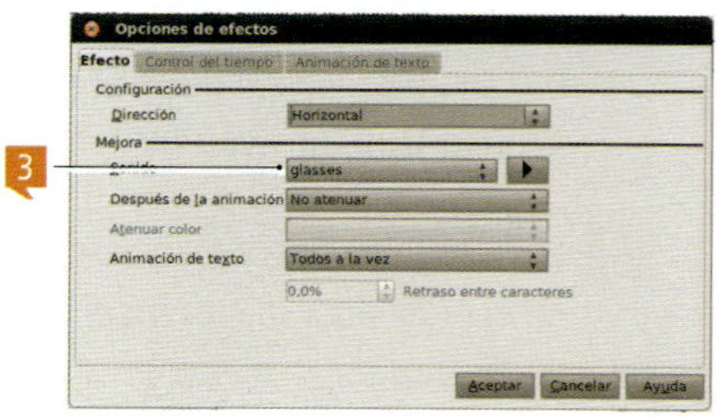

Presupuesto de una estantería

Se trata de realizar un cálculo anticipado de los gastos necesarios para realizar una obra. En él deberán figurar el coste separado de cada una de las partes que componen la obra y también el coste total. Introduce los datos en la hoja de cálculo, y Excel o Calc efectuarán el cálculo del coste total de la estantería. El resultado final deberá ser parecido al de la figura.

Procedimiento

1 **Introducir el texto en las celdas correspondientes.** Para que quede de forma similar a la figura, realiza los siguientes ajustes:

- Combina las celdas B2 hasta E2 (selecciónalas y pulsa el botón **Combinar y centrar**).
- El texto de la celda D8 deberá aparecer ocupando dos líneas (utiliza la opción **Ajuste texto** que aparece en la ventana que se despliega desde el menú **Formato/Celda**).
- Ajusta los tamaños del texto, el aspecto de letra (**Negrita**) y las alineaciones del texto dentro de la celda empleando la barra de herramientas.

2 **Introducir las cantidades numéricas.** Fíjate en que el rango de celdas D4:D7 tiene seleccionado el **Estilo moneda.** ¿Qué valores deberían aparecer en la columna Total? (No introduzcas todavía los valores. Espera a leer el siguiente paso).

3 **Introducir las fórmulas en la columna Total.** En cada fila debe aparecer su coste en la columna **Total.** Se obtiene mediante el producto de la celda del número de unidades por el coste unitario.

- Así, en la celda E4 tienes que introducir la fórmula **=C4*D4** (no olvides que las fórmulas empiezan por el signo igual). Completa las demás filas.
- La celda E8 debe contener la suma de todos los costes. Introduce la fórmula que suma los contenidos de las celdas **Total** de cada artículo (**=E4+E5+E6+E7**).

4 **Modificar el aspecto.** Aplica bordes y colores de relleno a las celdas para mejorar la presentación y cambia el tamaño de filas y columnas. Utiliza la opción **Autoformato.** Para ello, selecciona primero todas las celdas de la tabla y luego accede a la opción del menú **Formato/Autoformato** y elige una de las posibilidades que se ofrecen.

5 **Comprobar la utilidad de las hojas de cálculo.** Imagina que has decidido hacer una estantería más grande para la que vas a utilizar 7 tablas de madera (en lugar de 5) y 24 tornillos (en vez de 18). Bastará con que sustituyas los valores antiguos por estos dos valores nuevos. Comprueba cómo Excel calcula automáticamente los nuevos costes sin necesidad de modificar nada más.

Materiales y herramientas

- 5 tablas de madera de pino de 80 × 30 cm, con un coste de 4 € cada una.
- 18 tirafondos para unir las tablas; cada tornillo cuesta 0,10 €.
- 1 hoja de papel de lija que cuesta 0,5 €.
- 1 bote de barniz cuyo coste es de 5 €.

B	C	D	E
PRESUPUESTO PARA UNA ESTANTERÍA			
	Unidades	Coste unitario	Total
Tablas de madera	5	4,00 €	20,00 €
Tornillos	18	0,10 €	1,80 €
Barniz	1	5,00 €	5,00 €
Papel de lija	1	0,50 €	0,50 €
		TOTAL PRESUPUESTO	27,30 €

	A	B	C	D	E
1					
2		PRESUPUESTO PARA UNA ESTANTERÍA			
3			Unidades	Coste unitario	Total
4		Tablas de madera			
5		Tornillos			
6		Barniz			
7		Papel de lija			
8				TOTAL PRESUPUESTO	

	A	B	C	D	E
1					
2		PRESUPUESTO PARA UNA ESTANTERÍA			
3			Unidades	Coste unitario	Total
4		Tablas de madera	5	4	=C4*D4
5		Tornillos	18	0,1	=C5*D5
6		Barniz	1	5	=C6*D6
7		Papel de lija	1	0,5	=C7*D7
8				TOTAL PRESUPUESTO	=E4+E5+E6+E7

REPASO FINAL

1 Investiga en qué parte del sistema operativo se puede encontrar la siguiente información sobre el ordenador que usas en clase:

- Tipo de procesador
- Velocidad a la que funciona
- Cantidad de memoria RAM

Compara esta información con la del ordenador de tu casa. ¿Cuál de ellos es más potente?

2 Los sistemas operativos Windows y Linux se dice que son multiusuario y multitarea. Explica qué quieren decir ambas palabras atendiendo a su significado.

3 Clasifica en tu cuaderno los siguientes periféricos como periféricos de entrada, de salida o de almacenamiento:

escáner	altavoz
pendrive	CD-ROM
impresora	disco duro
monitor	ratón
teclado cámara	web

4 ¿Cómo representarías los números que van del 0 al 9 si solo pudieses utilizar 0 y 1?

5 Explica la diferencia entre una memoria RAM y otra ROM.

6 Investiga en tu ordenador y averigua qué cantidad de memoria RAM tienes instalada y qué tipo de microprocesador tiene tu equipo.

7 ¿Qué función tiene la unidad de entradas y salidas?

8 ¿Cuál es la diferencia entre periféricos internos y externos? Indica tres periféricos de entrada, dos de salida y tres de entrada-salida.

9 Elabora tu currículo en un documento de texto. Para ello, escribe tus datos personales, los estudios que has terminado y todo aquello que creas que es interesante de tu experiencia, como campeonatos de deporte, conocimientos de informática, idiomas, colaboraciones en servicios sociales, aficiones, etc. Cada asunto irá indicado en un apartado distinto.

En la parte superior de la hoja, en una esquina, inserta una foto tuya desde el menú **Insertar/Imagen.** En la pestaña **Formato,** podrás probar los **Estilos de imagen,** ajustar la posición de la foto en **Ajuste de texto,** recortarla, etc.

10 Accede a la página www.slideshare.net y regístrate como usuario. A continuación, crea una presentación y compártela.

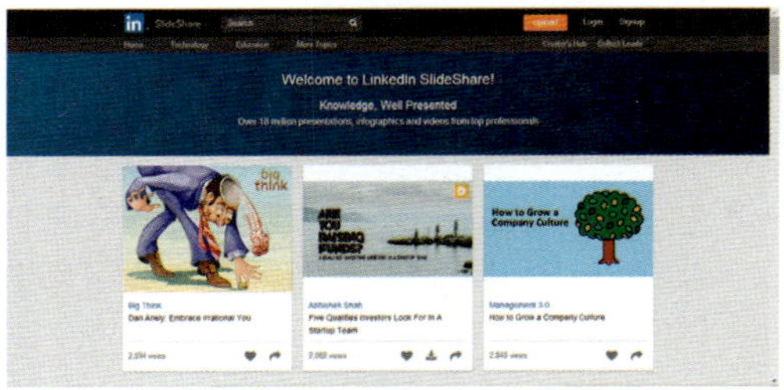

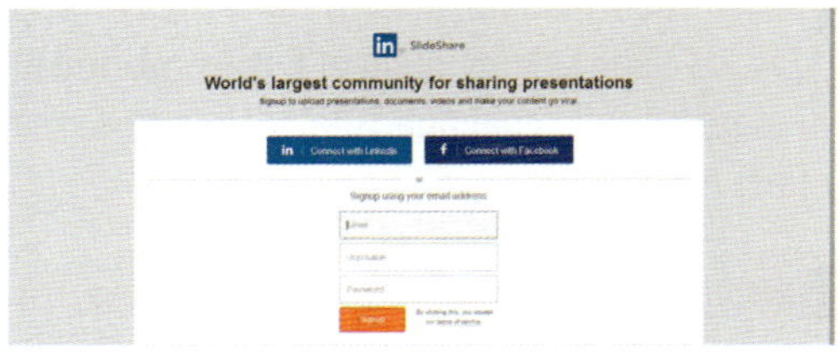

11 Realiza una presentación que contenga al menos seis diapositivas sobre cualquier inventor famoso. Obtén la información y las imágenes de Internet, incorpora algunos efectos de animación y transición de diapositivas y añade algún enlace a páginas de Internet que contengan información sobre el inventor que hayas elegido.

12 Realiza una diapositiva en Impress que contenga un diagrama que represente los datos de la composición del aire:

- 78 partes de nitrógeno
- 21 partes de oxígeno
- 1 parte de otros gases

13 Realiza una diapositiva que contenga las imágenes de los siguientes cuatro inventos: telégrafo, pararrayos, máquina de vapor y teléfono. Cada una de las imágenes debe incorporar un enlace a la página de Wikipedia donde se hable del inventor que los creó.

EVALUACIÓN

14 Descarga imágenes desde Internet en las que aparezcan fotos con los distintos tipos de maderas y utilízalas para realizar una presentación en la que describas sus principales características.

15 Diseña una diapositiva con Impress donde incluyas un gráfico. Haz clic en **Insertar/Diagramas** desde la edición de gráficos. Modifica los datos y representa los datos con distintos tipos de gráfico.

16 Realiza una hoja de cálculo que te permita obtener la nota media de todas las asignaturas, a partir de la nota que obtengas en cada una de ellas.

17 Realiza una hoja de cálculo que permita hallar el valor de la resistencia equivalente a un par de resistencias conectadas en paralelo.

18 Diseña una hoja de cálculo que realice una conversión de divisas: de la divisa euro debe obtener la cantidad transformada en dólares americanos, en yenes japoneses y en pesos argentinos (deberás buscar la información sobre el tipo de cambio en Internet).

19 Busca en Internet la diferencia entre navegador y explorador de archivos. A continuación, contesta a las siguientes preguntas:

a. ¿Cómo se llama el explorador de archivos de Windows?

b. ¿Qué exploradores de archivos hay en Linux?

20 ¿Cuál es la diferencia entre un navegador y un buscador?

21 Crea una cuenta de correo personal en uno de estos sitios web:

a. www.hotmail.com

b. www.yahoo.es

c. www.google.es

22 Consulta en Wikipedia qué es un wiki. ¿Quién ha realizado la propia Wikipedia?

23 Busca páginas en Internet que contengan recursos educativos para la asignatura de Tecnología y emplea el botón **Favoritos** o **Marcadores** de tu navegador para guardar las direcciones más interesantes.

24 Busca en Internet las temperaturas máximas y mínimas de tu ciudad a lo largo de la semana anterior. Realiza un gráfico de barras 3D con ellas.

Copia y completa en tu cuaderno.

1 ¿Cuál de estos elementos no forma parte del *hardware*?

a. Monitor. c. Microsoft Word.
b. Unidad central. d. Ratón.

2 ¿Cuál de los siguientes elementos no es un dispositivo de almacenamiento?

a. *Pendrive*. c. Módem.
b. CD-ROM. d. DVD.

3 Son periféricos de entrada:

a. El escáner, el ratón, el teclado y la webcam.
b. La impresora, el lector de DVD y el plóter.
c. El disco duro, la grabadora de DVD y el *pendrive*.
d. El monitor y el plóter.

4 El conector que no está en la placa base es el:

a. PCI. c. AGP.
b. Módem (teléfono). d. IDE.

5 ¿Cuál de los siguientes programas no es un procesador de texto?

a. Microsoft Word. c. PowerPoint.
b. StarOffice. d. Wordperfect.

6 ¿Qué parte del documento se ve afectado cuando modificamos los márgenes?

a. Una línea. c. La página.
b. El párrafo. d. Todo el documento.

7 Para realizar presentaciones se utiliza la aplicación:

a. Microsoft Word. c. Microsoft PowerPoint.
b. Microsoft Excel. d. Microsoft Explorer.

8 Cada pantalla en una presentación es:

a. Un documento. c. Una diapositiva.
b. Un archivo. d. Una imagen.

9 ¿En qué país se encuentra el servidor google.us?

a. España. c. Estados Unidos.
b. Ucrania. d. Reino Unido.

DIARIO DE APRENDIZAJE

¿Qué conocimientos previos me han resultado útiles para abordar los contenidos de esta unidad?

somos # link

Tecnología 1. Materiales de uso técnico I: madera y metales

Tecnología 2. Materiales de uso técnico II: plásticos, pétreos y cerámicos, y nuevos materiales

Tecnología 3. Expresión técnica: dibujo técnico y dibujo asistido por ordenador

Tecnología 4. Estructuras y mecanismos

Tecnología 5. Electricidad

Tecnología 6. Electrónica y Robótica

Tecnología 7. Tecnologías de la información y de la comunicación

Tecnología 8. Programación